Harsha Senanayake

A mudança dos padrões das relações de segurança entre os EUA e o Japão

Harsha Senanayake

A mudança dos padrões das relações de segurança entre os EUA e o Japão

Estudo de caso de Okinawa

ScienciaScripts

Imprint

Any brand names and product names mentioned in this book are subject to trademark, brand or patent protection and are trademarks or registered trademarks of their respective holders. The use of brand names, product names, common names, trade names, product descriptions etc. even without a particular marking in this work is in no way to be construed to mean that such names may be regarded as unrestricted in respect of trademark and brand protection legislation and could thus be used by anyone.

Cover image: www.ingimage.com

This book is a translation from the original published under ISBN 978-3-659-79450-6.

Publisher:
Sciencia Scripts
is a trademark of
Dodo Books Indian Ocean Ltd. and OmniScriptum S.R.L publishing group

120 High Road, East Finchley, London, N2 9ED, United Kingdom
Str. Armeneasca 28/1, office 1, Chisinau MD-2012, Republic of Moldova, Europe
Printed at: see last page
ISBN: 978-620-7-73158-9

ÍNDICE DE CONTEÚDOS

Introdução

Desde 1953, os Estados Unidos e o Japão mantêm relações diplomáticas directas, ao mesmo tempo que reforçam gradualmente os seus laços de segurança comuns. Os navios militares americanos comandados pelo capitão Matthew Perry ocuparam a baía de Uraga, no Japão, em 1953[1] , marcando o início das relações formais entre os EUA e o Japão. Estas iniciativas e laços diplomáticos continuaram a prosperar até ao início da Segunda Guerra Mundial. Os laços enfrentaram numerosos desafios na década de 1940 e atingiram um ponto histórico em 1952, com a assinatura do Tratado de Paz e Amizade entre os EUA e o Japão.[2]

Os Estados Unidos entraram na Primeira Guerra Mundial depois de perderem o Lusitânia,[3] seguidos pelo Japão como potências aliadas. O Japão conseguiu expandir o seu território e a sua influência política e ideológica na Ásia-Pacífico. O ambiente pós-guerra proporcionou ao Japão a prosperidade que lhe permitiu maximizar o seu poder. Os Estados Unidos criaram uma plataforma para o Japão emergir como um dos Cinco Grandes na nova ordem mundial, após o reconhecimento concedido nas conversações de paz de Versalhes.[4]

Esta iniciativa levou o Japão a exercer o seu poder na cena mundial antes e durante a Segunda Guerra Mundial. A ascensão do Japão pode ser concluída como o resultado final das relações entre os EUA e o Japão desenvolvidas entre a Primeira e a Segunda Guerra Mundial. No entanto, o movimento de expansão japonês violou os direitos do tratado dos EUA e os EUA alteraram a sua política para a Ásia Oriental a favor da China.[5] A invenção japonesa na Manchúria deu início a uma série de disputas políticas entre os EUA e o Japão. O Presidente Roosevelt declarou guerra ao Japão, e a guerra provocou grandes danos no Japão, especialmente em Hiroshima e Nagasaki. A guerra dos Estados Unidos contra o Japão foi a resposta final ao ataque a Pearl Harbour, liderado pelas tropas japonesas.

O fim da Segunda Guerra Mundial representou um novo começo nas relações de segurança

[1] Steven W. Hook, Spanier J, *American Foreign Policy since World War II (Política Externa Americana desde a Segunda Guerra Mundial),* Washington DC: CQ Press, 2010, 1-21, impresso.
[2] B. MuCutchen, *History of a Free People,* Nova Iorque: Macmillan Publication, 1981, 475-489, impresso.
[3] Steven W. Hook, Spanier J, *American Foreign Policy since World War II,* 15 Ed, Washington DC: CQ Press, 2010, 121, Print.
[4] R.D. Corwell, *World History in the twentieth Century,* Londres: Longman Group, 23-25, 1969, Print.
[5] Smendley D. Butler, *War is a Racket,* Nova Iorque: Round Table Publishers, 1935, 17, Print.

entre os EUA e o Japão e tornou-se controverso na ordem mundial contemporânea devido ao número de questões criadas no sistema mundial, interna e externamente.

As relações de defesa e segurança entre dois parceiros de amizade: os EUA e o Japão começaram nos termos do Tratado de Paz e Amizade. O Comandante Supremo das Potências Aliadas (SCAP) assumiu o poder administrativo do Japão. O plano Marshal e a política de contenção dos EUA moldaram as relações de segurança entre as duas nações no pós-Guerra Fria. Durante o período da Guerra Fria, as relações de segurança entre os EUA e o Japão e o desenvolvimento das infra-estruturas militares na ilha de Okinawa serviram diretamente para impedir a expansão soviética na região da Ásia Oriental. Estas relações de segurança e a utilização estratégica da ilha de Okinawa foram utilizadas pelos responsáveis políticos dos Estados Unidos para equilibrar as relações de poder na Ásia Oriental. A crise coreana e o fracasso do plano Marshal na China realçaram a utilização estratégica da ilha de Okinawa.[6] As relações de segurança entre os Estados Unidos e o Japão durante o período da Guerra Fria abordaram principalmente as ameaças tradicionais à segurança e as incertezas que existiam entre o comunismo e a sociedade democrática. As relações de segurança entre os EUA e o Japão e a posição estratégica de Okinawa serviram de equilibrador de poder no contexto da Ásia Oriental, contrariando a Rússia Soviética e a República Popular da China (RPC). O colapso da União Soviética alterou a dimensão da ordem internacional e as preocupações de segurança dos parceiros de amizade: os EUA e o Japão. Foram formuladas alterações importantes nas relações de segurança entre os EUA e o Japão e na ilha de Okinawa.

[st]Neste artigo, o investigador examina os padrões em mudança das relações de segurança entre os EUA e o Japão no século XXI, com especial atenção para o estudo de caso de Okinawa. A sociedade pós-Guerra Fria alterou a superfície das preocupações de segurança regional partilhadas pelos EUA e pelo Japão. Durante o período da Guerra Fria, a política de contenção e o Plano Marshal moldaram as relações de segurança entre os EUA e o Japão, mas o colapso da Rússia Soviética criou muitas incertezas e ameaças à segurança no contexto da Ásia Oriental que afectaram diretamente as relações de segurança entre os EUA e o Japão.

---

[6] Burns A.Deconde, et al, *Encyclopedia of American Foreign Policy,* 2 edn, Nova Iorque: Gale Group, 2002, impresso.

O investigador examinou as novas ameaças à segurança, as incertezas e os interesses nacionais dos parceiros de amizade, a fim de analisar a evolução das relações de segurança entre os EUA e o Japão no século XXI, com base no domínio da ilha de Okinawa.

O problema desta investigação consiste em examinar os objectivos das relações de segurança entre os EUA e o Japão no século XXI, com especial atenção para a ilha de Okinawa, quer se trate de preservar uma "paz duradoura" entre os dois países ou de afirmar os seus interesses nacionais, contrariando o poder chinês no mar da China Oriental/Sul e nas respectivas áreas da região.

O argumento hipotético da investigação é que as alianças militares dos EUA e do Japão estão a criar novos padrões de segurança no século XXI no contexto da Ásia Oriental, a fim de garantir os seus interesses nacionais. A nova imagem resultante da ascensão militar chinesa na Ásia e a tensão militar são as principais razões para as relações de segurança entre os EUA e o Japão e as preocupações comuns na ilha de Okinawa.

Três questões de investigação desenvolvidas pelo investigador para realizar esta investigação.

1. Quais foram as necessidades de segurança comuns partilhadas pelos EUA e pelo Japão desde a Segunda Guerra Mundial?
2. Porque é que os EUA escolheram Okinawa para investigar as suas preocupações de segurança?
3. Como é que as necessidades de segurança americanas e japonesas da década de 1950 se alteraram no século XXI?

Com base nas questões de investigação acima mencionadas, o investigador analisou os padrões em mudança das relações de segurança entre os EUA e o Japão no século XXI e o estudo de caso de Okinawa. Os objectivos básicos da investigação são os seguintes,

1. Identificar os interesses nacionais dos Estados Unidos e as principais razões que afectam as relações de segurança entre os Estados Unidos e o Japão.
2. Como é que as relações de Okinawa estão envolvidas nestas relações de segurança.

3. Qual será o futuro das relações de segurança entre os EUA e o Japão e do complexo de segurança regional?

Por conseguinte, o investigador aplicou as teorias de segurança introduzidas por Barry Buzan.

Os resultados da investigação aceitaram parcialmente a aceitação hipotética da investigação. [st]As preocupações de segurança tradicionais e os complexos de segurança clássicos não afectaram exclusivamente as relações de segurança entre os EUA e o Japão no século XXI. [st]Embora as preocupações de segurança tradicionais e a mentalidade da Guerra Fria possam ser identificadas como o principal facto que influenciou a reformulação das relações de segurança entre os EUA e o Japão e a sua evolução no século XXI. Estas ameaças de segurança tradicionais e as incertezas de segurança clássicas recentemente surgidas realçaram o valor militar estratégico da ilha de Okinawa.

[st]Para além das ameaças e incertezas de segurança tradicionais, muitas ameaças e incertezas de segurança não tradicionais e multidimensionais influenciaram as relações de segurança entre os EUA e o Japão no século XXI. Estas preocupações de segurança não tradicionais e os interesses nacionais pós-Guerra Fria dos parceiros de amizade acabaram por alterar os padrões de segurança das relações de segurança entre os EUA e o Japão. [st]A crise coreana e as ameaças nucleares norte-coreanas, as actividades marítimas e a expansão militar chinesas, os interesses dos EUA na região da Ásia Oriental e a preocupação dos EUA com os recursos petrolíferos no mar da China Meridional e no mar da China Oriental, a corrida hegemónica entre o Japão e a China, o status quo e muitas preocupações de segurança tradicionais e não tradicionais afectaram diretamente o processo de reformulação das relações de segurança entre os EUA e o Japão no século XXI. [st]A ilha de Okinawa e as infra-estruturas militares da ilha de Okinawa assumiram o valor estratégico das relações de segurança entre os EUA e o Japão no século XXI.

Esta investigação teve como objetivo identificar as preocupações de segurança dos EUA na região da Ásia Oriental e os interesses nacionais japoneses que facilitaram as relações de segurança entre os EUA e o Japão. As relações de segurança entre os EUA e o Japão foram uma das principais alianças de segurança que moldaram a segurança internacional. [st]Assim, a investigação conduziu à identificação dos padrões de mudança das relações de segurança entre os EUA e o Japão no século XXI, recorrendo às teorias de segurança e às perspectivas das Relações Internacionais.

Quadro teórico

2.1 Introdução à teoria e aos conceitos

As relações de segurança entre os EUA e o Japão estão interligadas a muitos níveis. Desde o período da Guerra Fria, desenvolveram e mantiveram uma linha de segurança comum para demarcar as preocupações de segurança regional e os valores partilhados na região e no domínio internacional. [st]As preocupações tradicionais de segurança, bem como a complexidade da segurança moderna, reforçaram as relações de segurança entre os EUA e o Japão e as suas preocupações de segurança nacional no século XXI. Segundo Arnold Walters, "a segurança nacional é um lobo simbólico ambíguo, que circulou mais de 40 anos antes".[7] Levantam-se várias questões sobre "quais são as ansiedades de segurança nacional partilhadas pelos EUA e pelo Japão? Qual foi o mecanismo de distinção que utilizaram? Até que ponto é que trabalharam nestas relações de segurança? Estas questões ajudam no processo de identificação do comportamento do Estado dos EUA e do Japão. Assim, o investigador utilizou esta sessão para responder às perguntas acima mencionadas e sublinhar as teorias utilizadas para analisar as relações de segurança entre os EUA e o Japão. O investigador utilizou duas teorias de segurança principais e um conceito subordinado para analisar o argumento, a fim de chegar ao resultado.

O investigador utilizou duas teorias e conceitos para analisar os dados e melhorar o processo de investigação. Estas teorias ajudaram a desenvolver a base científica e a fornecer mais dados empíricos no estudo de investigação. A investigação em ciências sociais precisa de mais informação empírica de base e de análise científica para permitir que a investigação chegue a um resultado bem organizado. Assim, as teorias e os conceitos foram mais importantes para organizar, analisar e concluir os dados da investigação. Por conseguinte, o investigador utilizou as seguintes teorias e conceitos para desenvolver esta investigação.

2.1.1 Teoria Clássica dos Complexos de Segurança (CSCT)

As teorias da segurança tiveram a primeira prioridade na análise dos dados da investigação.

---

[7] Arnold Walters qtd. in Zeyno Baran, "EU Energy Security: Time To End Russian Leverage", *The Washington Quarterly* 30.4 (2007): 131-144, PDF.

Para o efeito, o investigador utilizou a Teoria Clássica do Complexo de Segurança (TSCS) de Barry Buzan. Esta teoria foi construída principalmente para compreender as relações de segurança da Guerra Fria. [st]No entanto, a CSCT é útil para compreender o dilema da segurança e as relações de segurança entre as nações/ Estados no século XXI. Na primeira edição do livro "People, State and Fear" (Povo, Estado e Medo), publicado em 1983 por Barry Buzan, esta teoria foi enquadrada pela primeira vez e utilizada como teoria para analisar o dilema de segurança do Sul da Ásia e do Médio Oriente. Mais tarde, esta teoria deu um contributo significativo para a região da Ásia Oriental, identificando o complexo de segurança da Ásia Oriental e a regionalização da segurança da Ásia Oriental na era da Guerra Fria e do pós-Guerra Fria. Assim, o investigador utilizou a Teoria Clássica do Complexo de Segurança como uma das principais teorias desta investigação.

De acordo com Buzan, a CSCT centra-se principalmente nas regiões de segurança e nas preocupações modernas de segurança organizadas através das regiões de segurança. Buzan vê a segurança como uma questão relacional e o seu ponto focal é a forma como as pessoas respondem às ameaças e às vulnerabilidades futuras através do coletivismo e com base em termos naturais de resposta. O resultado final do estudo estabelece uma ligação entre a economia e o poder militar e as preocupações entre os Estados. Para além disso, esta teoria foi desenvolvida por colaboradores em matéria de segurança, tanto do Leste como do Oeste, no período da Guerra Fria.

Buzan utilizou esta teoria para compreender o regionalismo e as alianças de segurança regional nos períodos da Guerra Fria e do pós-Guerra Fria. Estas alianças de segurança regional moldaram a segurança internacional e as necessidades colectivas. Buzan afirma ainda que,

"... a lógica das regiões de segurança decorre do facto de a segurança internacional ser uma questão relacional, a segurança internacional diz respeito sobretudo à forma como as colectividades humanas se relacionam entre si em termos de ameaças e vulnerabilidades, embora por vezes aborde a forma como essas colectividades se relacionam com as ameaças do ambiente natural."[8]

---

[8] Barry Buzan, Ole Waever, Jaap de. Wilde, *Security: A New Framework for Analysis,* Colorado: Lynne Rienner Publishers, 1998, 1-21,

Stephen Wall defendeu a Teoria Clássica do Complexo de Segurança, através da qual se examina "o fenómeno da guerra e que pode ser definido como 'o estudo da utilização e controlo da força militar'".[9]

"...a lógica subjacente à Teoria Clássica do Complexo de Segurança era que, para a maioria dos actores ao nível da unidade, a segurança político-militar se divide em grupos de dimensões e a teoria defendia que a escala de maior relação era a regional."[10]

Buzan é de opinião que o Estado é uma área primária da abordagem clássica da segurança e a unidade-chave nos sectores político e militar. Este quadro teórico realça a autossuficiência e a auto-governação das relações de segurança regional. Buzan e Richard Ullman afirmam que o "nível de segurança individual é diretamente afetado pelo nível de segurança nacional"[11] e concluem que "a segurança não pode ser tratada isoladamente a um único nível".[12]

Buzan, no seu livro "Security: A New Framework for Analysis" ilustrou a Teoria Clássica do Complexo de Segurança em três componentes básicos e quatro princípios fundamentais.

A teoria do Complexo de Segurança é essencialmente,[13]

1. A disposição dos unidos e a diferenciação entre eles. (parceiros de segurança)
2. Os padrões de amizade e inimizade.

3. A distribuição do poder entre as unidades principais.

A Teoria Clássica do Complexo de Segurança é a distribuição de poder e os seus padrões de hostilidade que fazem mudanças estruturais essenciais. Estes são afectados dentro das suas fronteiras existentes em resposta a mudanças externas.

A segurança é classificada como um conceito essencialmente contestado. Significa ou reconhece um certo grau de realização valorizada. W. B. Gallie utilizou o conceito de

---

impresso.

[9] Stephen Wall qtd. in Barry Buzan, Ole Waever, Jaap de. Wilde, *Security: A New Framework for Analysis,* Colorado: Lynne Rienner Publishers, 1998, 5-21, impresso.

[10] Buzan, Waever, Wilde, Security: Um novo quadro de análise, 13.

[11] Barry Buzan, *People State and Fear: An Agenda for International Security Studies in the Post-Cold War Era,* Colorado: Lynne Rienner Publishers, 1991, 190-199, impresso.

[12] ibid.

[13] Buzan, Waever, Wilde, Security: Um novo quadro de análise, 2-20.

"campeão"[14] no jogo para descrever este ponto.

A sociedade pós-Guerra Fria trouxe novas ameaças não tradicionais contra os Estados e levou à identificação e ao tratamento da segurança não tradicional como uma questão de Estado. Uma vez que os Estados não conseguiram fazer face às novas ameaças não tradicionais à segurança, abriu-se espaço para a dedução dos valores da ordem internacional centrada no Estado e das suas actividades fundamentais.

"... os elementos estruturantes da análise estratégica devem ser a possível utilização da força. Os aspectos não militares da segurança podem ocupar mais tempo dos estrategas, mas a necessidade de as pessoas, nações, estados ou alianças adquirirem, colocarem, envolverem ou retirarem forças militares deve continuar a ser o objetivo principal dos inquéritos do analista estratégico."[15]

A principal preocupação da Teoria Clássica do Complexo de Segurança está ligada às relações de segurança da Guerra Fria. No entanto, esta teoria pode ser utilizada para compreender as relações de segurança entre as nações/estados no sistema internacional moderno. Através de "Security: A new Framework for Analysis", Buzan identificou quatro elementos principais nas relações de segurança que podem ser analisados através da Teoria Clássica do Complexo de Segurança.[16]

1. Eram compostos por dois ou mais Estados.
2. Estes Estados constituíam um agrupamento geograficamente coerente.

3. A relação entre estes Estados era marcada por uma interdependência em matéria de segurança, que podia ser positiva ou negativa, mas que tinha de ser significativamente mais forte entre eles do que entre os outros Estados e os Estados exteriores.
4. O modelo de interdependência em matéria de segurança tinha de ser profundo e duradouro, embora não permanente.

As relações de segurança entre os EUA e o Japão enquadram-se diretamente nestes critérios

[14] W. B Galle qtd. in David A. Baldwin, "The Concept of Security," *Review of International Studies* 23 (1997): 5-17, PDF.
[15] David A. Baldwin, "The Concept of Security", *Review of International Studies* 23 (1997): 5-17, PDF.
[16] Buzan, Waever, Wilde, Security: Um novo quadro de análise, 15.

e nos elementos-chave acima referidos, que podem ser claramente visíveis nas relações de segurança entre os EUA e o Japão. Estes mantêm relações de segurança geograficamente coerentes e profundas entre si e não com outros países. A interdependência de segurança entre os EUA e o Japão indica claramente uma ligação profunda e duradoura desde 1945. No entanto, o interesse mútuo pode ruir no futuro, se não conseguirem encontrar um interesse comum para partilhar.

Este interesse comum e o Complexo de Segurança Clássico podem ser Homogéneos ou Heterogéneos.

O investigador utilizou a Teoria Clássica dos Complexos de Segurança e as suas subcategorias: Complexos Homogéneos e Heterogéneos para analisar as relações de segurança entre os EUA e o Japão: Estudo de caso de Okinawa. Através desta teoria, o investigador analisou o início, a escalada e as relações de segurança modernas entre os EUA e o Japão desde 1945.

A Teoria Clássica dos Complexos de Segurança foi a principal teoria utilizada para analisar os dados e os resultados da investigação. A principal ligação entre os EUA e o Japão foi identificada através do Complexo Homogéneo, enquanto as relações baseadas em Okinawa podem ser identificadas através do Complexo Heterogéneo. Estes complexos significativos serão definidos mais adiante neste capítulo.

2.1.2 Teoria do Complexo de Segurança Regional (RSCT)

A ordem internacional moderna tem alianças e grupos de segurança regional constantes para dar resposta às preocupações nacionais. Estas preocupações de segurança regional tiveram início durante o período da Guerra Fria e baseavam-se no bloco geopolítico da URSS e da Europa. O colapso da Rússia Soviética encorajou os Estados soberanos a formarem um novo quadro para o regionalismo, conduzindo a uma internacionalização dos complexos políticos e de segurança na era moderna. Buzan centrou-se na política da Ásia Oriental e defendeu o novo regionalismo de segurança e a situação de dilema de segurança regional que surgiu entre o Japão e a China. A rivalidade histórica, as suas localizações geopolíticas imutáveis e os seus interesses nacionais competitivos são pretextos para desenvolverem as suas capacidades de segurança e outros instrumentos de reforço das capacidades uns contra os outros. Esta situação acaba por incentivar uma corrida hegemónica regional entre os dois países. De acordo com a abordagem realista, a ordem internacional anárquica influenciou reconhecidamente o Japão e a China a tomarem todas as medidas primárias possíveis para se estabilizarem como potências hegemónicas regionais na região da Ásia Oriental. Este complexo de competição e segurança regional analisado por Buzan, introduziu uma nova teoria de segurança no domínio das Relações Internacionais.

O investigador utilizou a Teoria do Complexo Regional de Segurança (RSCT) para analisar o argumento da investigação. A Teoria do Complexo Regional de Segurança de Buzan foi definida como "um grupo de Estados cuja principal preocupação de segurança está suficientemente ligada, de modo que a sua segurança nacional não pode ser considerada realisticamente separada uma da outra".[17]

Além disso, a Teoria do Complexo Regional de Segurança "assenta na independência entre os principais interesses de segurança nacional de um grupo geo-físico compacto de Estados".[18] Buzan sugeriu "um esquema analítico para estruturar a análise da forma como as preocupações de segurança se articulam numa formação regional em que a adjacência geográfica é o fator de maior importância".[19]

De acordo com esta definição, a geografia regional e a sua identificação geral fornecem um caminho inicial para a formulação de dimensões específicas: interesses frequentes e compatíveis, comportamentos interdependentes e consciência interligada no âmbito da Teoria do Complexo Regional de Segurança.

O RSCT representa a forma como a esfera de preocupação de qualquer Estado em relação ao seu ambiente interage com a relação entre a intensidade das ameaças militares e políticas e a brevidade do alcance em que são percepcionadas.[20]

---

[17] Buzan, People State and Fear, 190.
[18] Jannatkhan Eyvazov, "Some Aspects of the Theory of Regional Security Complexes as Applied to Studies of the Political System in the Post - Soviet Space," *Central Asia and Caucasus* 12.1 (2011): 17, PDF.
[19] Buzan qtd. in Julius D. Reynolds, "An Empirical Application of Regional Security Complex Theory: The Secularization Discourse in China's Relations with Central Asia and Russia", tese de mestrado. Universidade da Europa Central, 2009, 13, PDF.
[20] Eyvazov, Some Aspects of the Theory of Regional Security Complexes, 17-19.

A maioria dos teóricos, incluindo Barry Buzan, Ole Waever e Jaap de Wilde, definiram esta teoria como "um conjunto de unidades cujos principais processos de securitização, dessecuritização ou ambos estão tão interligados que os seus problemas de segurança não podem ser razoavelmente analisados ou resolvidos separadamente".[21]

A Teoria do Complexo de Segurança Regional envolveu diretamente países vizinhos, em que a maior parte das ameaças são encontradas a curtas distâncias. O colapso da URSS permitiu o desenvolvimento desta teoria. Significativamente, a Teoria do Complexo Regional de Segurança ilustra a ligação entre o poder moderado e a supremacia do poder externo. A proximidade geográfica e a ordem internacional anárquica definiram a RSCT durante o período pós-Guerra Fria.

Buzan afirma que "Para além da comunidade de segurança, existe a integração regional que põe fim à anarquia e, por conseguinte, desloca as questões de segurança regional do domínio nacional e internacional para o domínio doméstico".[22] A RSCT é, portanto, um exemplo perfeito da ordem mundial anárquica internacional que lida com a consequente amizade e inimizade internas numa perceção geográfica limitada.

As ligações de segurança entre os EUA e o Japão podem ser analisadas através da Teoria do Complexo de Segurança Regional, pelo que ambos os países partilham preocupações e perceções de segurança comuns e são interdependentes e interligados. Ambos os países mantêm ligações consideráveis entre si ao nível inicial, intermédio e final das preocupações de segurança, ao mesmo tempo que evitam ameaças contra o seu círculo de poder. Ambos os países mantêm uma mentalidade de Guerra Fria.

Os meios de comunicação social e a propaganda pública chineses criticaram o militarismo, o nacionalismo e a incapacidade japonesa de aprender com a história. Em última análise, o governo e a opinião pública chineses consideravam que o Japão constituía uma ameaça hegemónica ao reconhecimento hegemónico "de facto" da China na região da Ásia Oriental. O Japão tem-se orientado por pressupostos semelhantes; mesmo no período pós-Guerra Fria, o

---

[21] Buzan, Waever, Wilde qtd. em Julius D. Reynolds, "An Empirical Application on Regional Security Complex Theory: The Secularization Discourse in China's Relations with Central Asia and Russia", tese de mestrado. Universidade da Europa Central, 2009, 13, PDF.
[22] Buzan, People State and Fear, 218-219.

governo japonês tentou conter a supremacia marítima e a expansão militar e económica da China na região e a nível mundial. A política japonesa de contenção em relação à China e ao complexo de segurança regional baseou-se em algumas razões: manuais de história, territórios no Mar da China Oriental, Okinawa e supremacia marítima.

Esta competição de interesses primários e a corrida hegemónica entre o Japão e a China podem ser analisadas através da Teoria do Complexo de Segurança Regional. Assim, o investigador utilizou esta teoria como teoria de base no estudo de investigação.

Para além destas duas teorias principais, o investigador utilizou os conceitos de equilíbrio de poder como ferramenta analítica subordinada nesta investigação.

2.1.3 Conceito de equilíbrio de poder

O conceito de Balança de Poder é um dos elementos centrais do realismo defensivo e pode ser destacado como uma preocupação fundamental nas Relações Internacionais e na Ordem Internacional. O conceito de BdP é considerado um dos conceitos mais antigos e primordiais das Relações Internacionais. Segundo David Hume, "o equilíbrio de poder é uma lei científica devido à sua importância na política internacional".[23]

A BoP são os padrões recorrentes do comportamento dos Estados que vivem numa condição de anarquia internacional. É a forma de continuar a ordem mundial e de satisfazer os interesses próprios de uma nação sem qualquer conflito de interesses. Este sistema é constituído por diferentes tipos de padrões de poder. De acordo com as teorias tradicionais realistas, foram ilustrados dois tipos principais de sistemas da BoP.

Realista tradicional, Fenelon descreveu o sistema da BoP como,

"acções de um país para evitar que os seus vizinhos se tornem demasiado fortes... porque o engrandecimento de uma nação para além de um certo limite altera o sistema geral de todos os vizinhos. atenção à manutenção de uma espécie de igualdade e equilíbrio entre Estados

---

[23] David Hume qtd. in Rizwan Naseer, Liu Debin, Musarat Amin, "Balance of Power and Order in International Relations", *Berkeley Journal of Social Sciences* 2.1 (2012): 2, PDF.

vizinhos".[24]

A ideia de Fenelon e as suas teorias podem ser aplicadas diretamente à situação dos padrões de segurança da Ásia Oriental, sobretudo no contexto do Mar da China Oriental e do Mar da China Meridional, em que o Japão e a China fascinam e praticam este sistema de BoP. De acordo com o "novo pensamento chinês" e a mudança de política externa marcada por Hu Jintao, o Japão foi identificado como um "país normal".[25] A "revolução diplomática de Jintao centrou-se principalmente em ser 'interiormente vigilante e exteriormente magnânimo em relação à modernização militar do Japão'".[26] Este novo pensamento, com os seus elementos básicos de medidas directas e mecanismos introduzidos por Hu Jintao, levou a um controlo da ascensão do Japão e restringiu as relações entre os EUA e o Japão. Do mesmo modo, em 2005, as Directrizes do Programa de Defesa Nacional do Japão designaram a "China como uma ameaça à sua segurança nacional".[27] Esta ação contra dialética é derivada de Fenelon e foi a face aberta do sistema BoP, embora, de acordo com a RSCT de Buzan, este sistema BoP se baseie na corrida à supremacia da Segurança Regional e se internacionalize por si próprio.

Palmer e Perkins afirmam que a BoP "parte do princípio de que, através de alianças variáveis e pressões compensatórias, nenhuma potência ou combinação de potências poderá tornar-se tão forte que ameace a segurança das restantes".[28]

Os interesses nacionais dos Estados independentes são um fator identificável e baseiam-se principalmente na política externa: é uma área claramente separada da política nacional/doméstica. A política externa ilustra basicamente a forma como os Estados lutam pelo poder no contexto de um ambiente internacional anárquico, esta luta e o comportamento dos Estados baseiam-se em capacidades primárias diferentes e tácticas únicas que mobilizam para atingir os seus objectivos e interesses diferentes. Esta luta pelo poder na obtenção de recursos

---

[24] Fenelon qtd. in Michael Sheehan, *The Balance of Power: History & Theory,* London: Rutledge Publishers, 1995, 2, Print.

[25] O estatuto normal de um país inclui o significado de um (Estado) que tem poder político e militar comparável ao seu poder económico e capacidade de funcionar nessas áreas.
Mais sobre: Baohui Zhang, "Chinese Foreign Policy in Transition: Trends and Implications", *Journal of Current Chinese Affairs* 39.2 (2010): 39-68, PDF.

[26] Susan L. Craig, *China Perceptions of Traditional and Nontraditional Security Threats,* Carlisle: Strategic Studies Institution, 2007, 65, PDF.

[27] ibid, 65-68.

[28] Palmer e Perkins qtd. in Michael Sheehan, *The Balance of Power: History & Theory,* London: Rutledge Publications, 1995, 3-4, Print.

escassos controlados pela BoP e pelos interesses nacionais e as suas implementações de política externa para o bom funcionamento da ordem internacional são as principais responsabilidades do sistema BoP.

Os realistas tradicionais, como Tucídides, Maquiavel, Hobbes e Rousseau, deduziram que a ordem internacional é um padrão de competição e corrida para alcançar o interesse nacional. No entanto, esta hegemonia pode ser uma ameaça para a ordem internacional.[29] Assim, o conceito de BoP é o método relevante através do qual os Estados independentes e as nações soberanas mantêm a sua supremacia.

Christophe Rhode descreve a Balança de Poder como "uma espécie de xadrez: um 'desporto rei' e um jogo cínico de grande poder".[30] A BoP mantém um sistema de bi-polaridade e, nesta investigação, o sistema BoP é utilizado principalmente para analisar dois tipos de bi-polaridades pelo investigador. Em primeiro lugar, a Balança de Poder e a bipolaridade entre o Japão e a China a nível regional e a forma como a RSCT interage com a BoP na região da Ásia Oriental.

Em segundo lugar, a forma como as relações de segurança entre os EUA e o Japão estão ligadas à bipolaridade com a China a nível global.

"...a estratégia militar do Japão e a aliança entre os EUA e o Japão estão atualmente a constituir um novo desafio e uma ameaça estratégica para a China. Em 2005, o Livro Branco da Defesa Japonesa mencionou abertamente que está a examinar de perto a ascensão da marinha chinesa e outros desenvolvimentos militares e que os EUA e o Japão mencionaram a "Formosa" como o seu objeto militar comum."[31]

O triângulo do sistema BoP inclui os EUA, a China e o Japão. Buzan afirma que as relações de segurança entre os EUA e o Japão envolvem diretamente a dissuasão da hegemonia chinesa a nível regional e global. Assim, o investigador utilizou o conceito de BoP para analisar os argumentos da investigação e apresentar um resultado lógico com a Teoria Clássica do

---

[29] Buzan, People State and Fear, 195-199.
[30] Christophe Rhode qtd. in Michael Sheehan, *The Balance of Power: History and Theory,* London: Rutledge Publications, 1995, 13-34, Print.
[31] Craig, China Perceptions of Traditional and Nontraditional Security Threats, 63-75.

Complexo de Segurança e a Teoria do Complexo de Segurança Regional.

2.2 Implementação da teoria

As relações de segurança entre os EUA e o Japão são significativas desde a Segunda Guerra Mundial a ambos os níveis, regional e internacional. Os EUA queriam expandir a sua hegemonia e as suas relações de poder para a Ásia Oriental e as regiões asiáticas devido às exigências de segurança da Guerra Fria. As relações da URSS com a China e a Coreia do Norte criaram espaço para os EUA expandirem as suas preocupações militares regionais no Sudeste Asiático. Do mesmo modo, a segurança japonesa pós-Segunda Guerra Mundial e outros objectivos nacionais básicos estavam diretamente relacionados com a presença dos EUA na região da Ásia Oriental. Por conseguinte, podemos identificar estas preocupações através da Teoria Clássica dos Complexos de Segurança e dos seus subcomplexos.

O conceito de isolacionismo dos EUA foi alterado pelo Presidente Truman; assim, a influência dos EUA estendeu-se ao Japão para alcançar uma paz duradoura e para dar resposta às preocupações de segurança dos EUA na região, no âmbito de dois processos mecânicos. A transformação interna pode ser descrita como a forma como as pessoas se ligam, se envolvem e influenciam o governo e o processo administrativo, bem como as actividades de elaboração de políticas internas. A política interna, os quadros políticos, as mudanças nos partidos políticos, os aspectos socioeconómicos e políticos locais e os agentes locais da política de poder podem ser definidos como abrangendo a transformação interna. Assim, esta transformação interna estava a atuar como o principal ator para moldar e manter as relações de segurança entre os EUA e o Japão desde a Segunda Guerra Mundial. A transformação interna é um conceito que também pode ser utilizado para analisar o Japão, a Coreia do Norte, a Coreia do Sul e as Filipinas.

Na situação atual, este fator de transformação interna é crucial, uma vez que a mudança de regime nas Filipinas deu origem ao que é visto como um processo de decisão controverso em matéria de política externa. Mostrou como as transformações internas alteraram a ação externa. O fator Filipinas é relevante tanto para os aliados americanos como para os chineses e o investigador considerou-o como um ator político controverso na política da Ásia Oriental e esta transformação levou os EUA a aproximarem-se do Japão nas suas relações de segurança no âmbito dos complexos Homogéneo e Heterogéneo.

Os EUA e o Japão mantêm relações diplomáticas desde a Segunda Guerra Mundial e essa relação pode ser analisada através do complexo homogéneo. Este complexo assume que "os complexos de segurança estão concentrados em sectores específicos e são, portanto, compostos por formas específicas de interação entre tipos semelhantes de unidades."[32] O Japão e os EUA são Estados semelhantes em muitos aspectos. A derrota do Japão e a destruição causada à sociedade japonesa transformaram a dimensão política e económica numa democracia liberal. Os Estados Unidos exigiram os projectos e os conselhos constitucionais, bem como as infra-estruturas necessárias para estabelecer a democracia e uma economia de mercado favorável ao comércio na sociedade japonesa do pós-guerra. Para reforçar a capacidade militar do Japão, os facilitadores militares dos EUA contribuíram para formalizar as Forças de Defesa Nacional japonesas e as suas fórmulas de trabalho.

Barry Buzan e Ole Waever identificam o Complexo Homogéneo como relações multilaterais entre blocos de tipo semelhante e o investigador utilizou este termo de "tipos semelhantes" com base nas constituições dos EUA e do Japão, em aspectos políticos, como a democracia, eleições livres e justas, opinião pública, bem como em aspectos financeiros e económicos, e no liberalismo e na economia de mercado e num âmbito financeiro aberto, entre outros. Significativamente, as relações entre estes parceiros de amizade através dos seus principais territórios não se limitam a questões militares, mas abrangem múltiplos sectores, tais como as relações políticas, económicas, socioculturais e entre os povos. Esta representação dos EUA no território japonês levou ao estabelecimento de uma ligação segura dos EUA na política da Ásia Oriental contra os Estados hostis da Guerra Fria, nomeadamente a URSS, a China e a Coreia do Norte. Estas ligações multidimensionais principais a nível estatal foram identificadas através do Complexo Homogéneo na Teoria Clássica dos Complexos de Segurança.

A ligação militar e as preocupações de segurança nacional a nível estatal foram articuladas através da ilha de Okinawa, o ponto geoestratégico significativo na região da Ásia Oriental. Assim, os EUA entraram na ilha de Okinawa para satisfazer as suas principais necessidades militares na região. A presença dos EUA deu proteção e estabilidade extra ao Japão para se manter forte no período pós-Segunda Guerra Mundial. Esta representação americana em

---

[32] Buzan, Waever, Wilde, Security: A New Framework for Analysis, 15.

Okinawa contrariou as ameaças dirigidas ao Japão. Estas relações militares tradicionais foram derivadas do Complexo Heterogéneo. De acordo com este complexo, "a segurança clássica está estritamente bloqueada em áreas e sectores específicos".[33] Okinawa, a ligação militar e de segurança do Japão com o bloco de poder dos EUA foi designada como fórmula de segurança no subcontexto da Ásia Oriental, com o apoio da Coreia do Sul e das Filipinas. Okinawa era a chave; o ponto de estrangulamento neste padrão de segurança, pelo que a localização de Okinawa tinha dado uma vantagem comparativa de segurança às relações de segurança entre os EUA e o Japão e para manter a securitização primordial comum de ambos os países. A CSCT e o seu complexo subordinado Heterogéneo podem ser aplicados às relações entre os EUA e o Japão baseadas em Okinawa, uma vez que mais de 80% da representação militar dos EUA no Japão está estacionada em Okinawa desde 1945. Muitas décadas mais tarde, as autoridades políticas japonesas alteraram o artigo 09º da Constituição japonesa e estabeleceram novas disposições para a tomada de medidas de defesa colectiva face a qualquer ameaça à soberania. O estatuto de "Auto-Defesa Colectiva" está associado à presença dos EUA em Okinawa, pelo que, em qualquer situação de risco, o Japão conta com os militares dos EUA. Por outro lado, a mentalidade americana da Guerra Fria e a perceção da "ameaça da China" levaram os militares americanos a equipar fortemente a ilha de Okinawa.

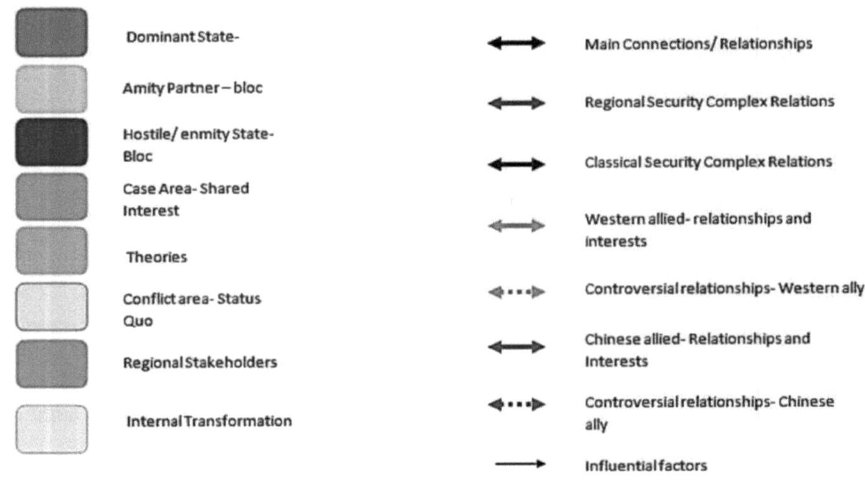

Figure 2.1 conceptual framework (author, 2017)

Figure 2.1 conceptual framework (author, 2017)

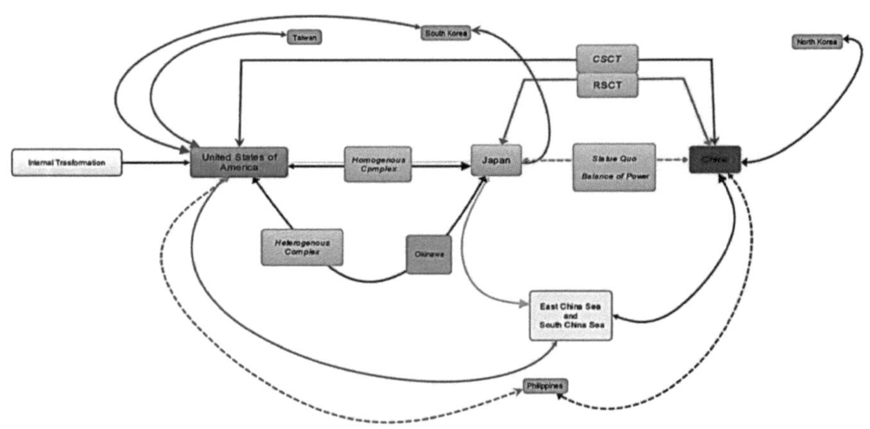

As relações de segurança entre os EUA e o Japão alteraram-se simultaneamente com o efeito das transformações externas lideradas pela China. As preocupações dos EUA e da China com a segurança no Mar da China Oriental/Sul criaram tensões. A natureza competitiva dos EUA e da China foi reconhecida a nível internacional e regional. [st]Se o Japão não conseguir manter relações positivas com os EUA, não conseguirá proteger os seus interesses nacionais no século XXI. Em novembro de 2016, o governo filipino fez uma mudança drástica nas suas políticas. Distanciou-se dos EUA e da NATO e optou por trabalhar em estreita colaboração com a China. [st]Esta transformação interna e o seu efeito externo criaram outra razão para melhorar as relações de segurança entre os EUA e o Japão no século XXI. Este complexo de poder regional pode ser derivado da Teoria do Complexo de Segurança Regional e do Complexo de Segurança Clássico.

As relações entre os EUA e o Japão têm um impacto noutros Estados da região. Os EUA olham para o Japão, a Coreia do Sul e as Filipinas. Do mesmo modo, Taiwan desempenha um papel influente nas relações entre os EUA e a China. Por outro lado, as relações chinesas com Estados como a Coreia do Norte e a Rússia, e também através da Organização de Cooperação de Xangai (SCO), moldaram a corrida hegemónica entre o Japão, a China e os EUA. Ao compreender o envolvimento americano na região, é evidente que a presença em Okinawa é importante tanto para os EUA como para o Japão devido à necessidade de supremacia marítima e de vantagem geopolítica nos mares da China Oriental e do Sul da China.

[st]As invasões de submarinos chineses ao território marítimo japonês e outros tipos de exercícios navais, expansões militares e mecanismos de reforço de capacidades foram vistos como avisos ao Japão e, em última análise, aos EUA. Estas acções basearam-se na determinação de quem controlaria a região no século XXI. A relação de segurança entre os EUA e o Japão é a principal resposta às acções dos EUA contra a supremacia chinesa, para contrariar a expansão chinesa e os aspectos chineses de se tornarem um líder "de facto" na região.

Esta investigação examinou as relações de segurança entre os EUA e o Japão com base no estudo de caso da ilha de Okinawa. Este capítulo explica as principais teorias e conceitos subordinados que foram utilizados pelo investigador para analisar os dados da investigação e chegar a um resultado lógico e empírico.

Este capítulo explicou brevemente as teorias: Teoria Clássica do Complexo de Segurança, Teoria do Complexo de Segurança Regional e conceitos subordinados: Conceito de Equilíbrio de Poder e como estas teorias se misturam nas relações de segurança entre os EUA e o Japão. Na fase final, o investigador explicou como estas teorias e conceitos podem ser implementados na área de investigação e os principais complexos e preocupações associados à implementação.

Os padrões em mudança das relações de segurança entre os EUA e o Japão no século XXI

3.1 O colapso da URSS e o equilíbrio de poderes na região Ásia-Pacífico

Muitos académicos assumiram que as relações de segurança entre os EUA e o Japão terminaram com o colapso da Rússia Soviética. As relações militares entre os EUA e o Japão dependiam em grande medida das preocupações militares da Guerra Fria. O colapso da União Soviética pôs oficialmente fim à Guerra Fria. Por isso, muitos académicos defendiam que os Estados Unidos estavam prontos para pôr termo às alianças com o Japão. As transformações internas na sociedade americana apoiaram este argumento em termos das despesas militares efectuadas pelo governo dos EUA. A administração Bush decidiu reduzir as instalações militares da região da Ásia Oriental na década de 1990.

'■... em 1990, a administração Bush apresentou o documento para reduzir a presença militar dos EUA na região da Ásia Oriental, esta ação pode manter a desconfiança entre os países asiáticos. Assim, o Japão queria manter as relações entre os EUA e o Japão sem qualquer redução."[34]

Este programa de redução foi conduzido no âmbito do programa militar de "um quadro estratégico para a orla asiática do Pacífico: Iniciativas Estratégicas da Ásia Oriental".[35] Estes ajustamentos permitiram dar resposta às novas exigências de segurança que surgiram na era pós-Guerra Fria. O envolvimento dos EUA na Guerra do Golfo levou, sobretudo, à modernização das instalações militares na região do Médio Oriente. Assim, o documento de Bush reorganizou os programas militares na região da Ásia Oriental para fazer face às incertezas emergentes.

O colapso da União Soviética criou uma série de incertezas em matéria de segurança na região da Ásia Oriental. Muitos académicos defendem que o colapso da União Soviética pode eliminar as ameaças à segurança que surgiram com a União Soviética. O colapso da União Soviética aumentou as ameaças nucleares para os Estados Unidos e o Japão. A Perestroika e outros momentos de reforma dividiram a União Soviética em muitos países soberanos. Os

---

[34] Susanne Feske, "The U.S. - Japanese Security Alliances: Out of Date or Highly Fashionable," *The Journal of East Asian Affairs* 11.2 (1997): 430-451, PDF.

[35] Young Sun, "Prospect of U.S - Security Cooperation", *Asian Survey* 35.12 (1995): 1087-1107, PDF.

países soberanos recém-emergidos, os países do Médio Oriente, incluindo o Irão, passaram a ter autoridade sobre as armas nucleares soviéticas. Os territórios dos EUA e do Japão ficaram vulneráveis ao ataque nuclear devido a esta transformação. A complexidade das questões de segurança na Ásia Oriental aumentou, o que levou a um reforço das relações de segurança entre os EUA e o Japão.

As disputas territoriais entre a Rússia Soviética e o Japão não foram eliminadas com o colapso da União. Poucas ameaças importantes chamaram a atenção dos decisores políticos dos EUA para manterem relações contínuas com o Japão.[36]

1. O objetivo é impedir a Coreia do Norte de adquirir e utilizar armas nucleares
2. Impedir a guerra na Coreia
3. Contrariar os exercícios de poder liderados pela China
4. Reequilíbrio dos estatutos marítimos na região da Ásia Oriental
5. Ajudou a manter a estabilidade regional e a evitar uma corrida nuclear na Ásia Oriental

As autoridades americanas aperceberam-se da localização geoestratégica de Okinawa para fazer face aos complexos de segurança na região da Ásia Oriental. As instalações militares norte-americanas na ilha de Okinawa conseguiram dissuadir as vulnerabilidades que se dirigiam aos interesses do poder americano na região. O início da nova ordem mundial alterou a posição militar das Filipinas. A transformação interna da sociedade filipina pressionou a reformulação da estrutura militar dos EUA. Esta pressão obrigou a reduzir as relações militares entre os EUA e as Filipinas. A tensão na península coreana afectou diretamente as relações militares entre os EUA e a Coreia do Sul. O empenhamento das Nações Unidas no conflito coreano pôs em evidência a utilização estratégica da ilha de Okinawa.

---

[36] MOFA, "Diplomatic Blue Book - Japan's Diplomatic Activities - 1991", *Ministério dos Negócios Estrangeiros do Japão,* MOFA, 13 de setembro de 2016, Web, 11 de abril de 2017.

Base	Persian Gulf	Pusan, Korea	Singapore	Manila, Philippines	Colombo, Sri Lanka
Okinawa	13,200	1,000	3,800	1,800	6,700
Pusan, South Korea	13,900	----	4,500	2,600	7,600
Darwin, Australia	12,600	5,500	3,200	3,400	6,100
Honolulu	20,300	7,500	10,900	8,800	13,800
San Francisco	23,600	9,000	14,300	11,500	17,200

Note: A typical amphibious vessel can move at 35 kilometers per hour or about 850 kilometers per day.

Tabela 3.1 Distância do possível regresso do Corpo de Fuzileiros Navais às áreas de operação (em quilómetros) Fonte: Defense Mapping Agency qtd. in Mike Mochizuki, Michael O'Hanlon, "The Marines Should Come Home Adopting the U.S. - Japan Alliance to a New Security Era," *The Brooking Review* 14.2 (1996): 13, PDF.

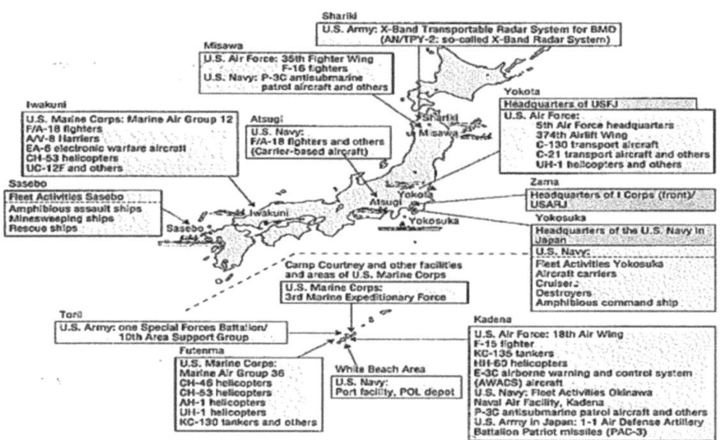

Figure 3.1: the U.S military bases in Okinawa Island
Source: Celine Pajon, *Understanding the Issues of U.S Military Bases in Okinawa*, Trans. Nicholas Sowells, Brussels: Center for Asian Studies, 2010. 6, PDF.

A figura 3.1 destaca a localização estratégica e a vantagem militar comparativa em termos de supremacia naval. Okinawa abriu-se à rota da seda e a outras rotas marítimas. Os EUA puderam deslocar as suas tropas para qualquer ponto da região Ásia-Pacífico com custos mínimos.

Esta localização geoestratégica da ilha de Okinawa foi utilizada pelas tropas americanas durante a primeira guerra do Golfo. A guerra do Golfo e os requisitos de segurança convencionais reforçaram o valor de Okinawa com base nas relações de segurança entre os EUA e o Japão. "O Acordo de Aquisição e Manutenção Cruzada (ACSA) permitiu o apoio logístico às tropas americanas e apelou à cooperação entre o Japão e os EUA através da partilha de transportes, estações de reabastecimento, alimentos, água, vestuário, cuidados médicos, manutenção e peças sobresselentes de armas durante o tempo de paz ou missões.[37] A localização estratégica de Okinawa é realçada pelas bases militares dos EUA situadas no território de Okinawa. Okinawa acolhe 75 por cento das bases e outras infra-estruturas dos EUA ao abrigo dos acordos do tratado de defesa mútua.[38]

As relações de segurança entre os EUA e o Japão transformaram-se, atribuindo às duas nações não só a defesa do Japão, mas também a proteção da segurança e o reforço da estabilidade regional na região da Ásia-Pacífico. Assim, as duas nações foram além do artigo V do tratado de segurança de 1960 e enfatizaram o mecanismo de segurança colectiva baseado no artigo VI.

"Tratado de Segurança VI... Com o objetivo de contribuir para a segurança do Japão e para a manutenção da paz e da segurança internacionais no Extremo Oriente, é concedida aos Estados Unidos da América a utilização, pelas suas forças terrestres, aéreas e navais, de instalações e áreas no Japão."[39]

[st]As relações de segurança entre os EUA e o Japão no século XXI baseiam-se na segurança colectiva e no equilíbrio de poder na região da Ásia-Pacífico. Por conseguinte, os parceiros do

---

[37] Feske, The U.S. - Japanese Security Alliance, 430-432.

[38] Celine Pajon, *Understanding the Issues of U.S Military Bases in Okinawa, Trans.* Nicholas Sowells, Bruxelas: Centro de Estudos Asiáticos, 2010, 6, PDF.

[39] MOFA, Livro Azul Diplomático - Actividades Diplomáticas do Japão - 1991.

tratado estabeleceram relações de segurança fortes e profundas, de forma homogénea e heterogénea.

As relações de segurança entre os EUA e o Japão, baseadas em Okinawa, dissuadem as incertezas e promovem a estabilidade regional, protegendo simultaneamente os interesses nacionais dos EUA e do Japão e os requisitos de poder associados à região da Ásia-Pacífico.

3.2 Impedir a Coreia do Norte de adquirir e utilizar armas nucleares

A tensão coreana influencia diretamente o complexo de segurança regional desde a década de 1950. Em junho de 1950, os exércitos norte-coreanos, treinados e equipados pelas tropas soviéticas, invadiram a Coreia do Sul. As principais superpotências e países da região estiveram diretamente envolvidos na Guerra da Coreia. O Japão desempenhou um papel vital durante a Guerra da Coreia como um dos principais aliados do bloco americano.

A tensão coreana no período pós-Guerra Fria recebeu uma atenção colossal no dilema de segurança regional da Ásia Oriental. O governo sul-coreano alinhou com a Europa e os Estados Unidos para dissuadir as ameaças militares norte-coreanas. Os Estados Unidos e o Japão tinham sido sensíveis ao programa nuclear coreano. O colapso da União Soviética abriu espaço para o desenvolvimento do programa nuclear norte-coreano. O Presidente Roh Tae Woo e a política externa coreana alinharam-se estreitamente com os países socialistas e ocidentais, a fim de autorizar o documento "Duas Coreias"[40] nas Nações Unidas. A Coreia do Norte manteve relações diplomáticas com a China e a Rússia soviética. A tensão na península coreana foi objeto de um controlo rigoroso por parte dos EUA e do Japão. A Coreia do Norte testou com êxito mísseis nucleares de 1000 km no início dos anos 90.[41] Estes programas nucleares ameaçavam diretamente as relações de segurança entre os EUA e o Japão e a Coreia do Sul. A Agência Internacional da Energia Atómica tentou controlar o programa nuclear norte-coreano utilizando os termos do Tratado de Não Proliferação de Armas Nucleares. A Coreia do Norte recusou continuamente as suas obrigações, pelo que os EUA adoptaram medidas de segurança especiais para manter o equilíbrio de poder na região e estabilizar os assuntos regionais.

---

[40] MOFA, "Diplomatic Blue Book - Japan's Diplomatic Activities - 1992", *Ministério dos Negócios Estrangeiros do Japão,* MOFA, 13 de setembro de 2016, Web, 10 de abril de 2017.
[41] MOFA, Livro Azul Diplomático - Actividades Diplomáticas do Japão - 1991.

"Em resposta a este argumento, a Coreia do Norte sublinha que a questão do acordo de salvaguardas é um problema entre a Coreia do Norte e os Estados Unidos e que os Estados Unidos devem dar à Coreia do Norte uma garantia juridicamente vinculativa de não utilizar armas nucleares contra a Coreia do Norte. Defende igualmente que as armas nucleares americanas instaladas na República da Coreia devem ser simultaneamente sujeitas a inspeção. A Coreia do Norte repetiu estes argumentos políticos, que não estão diretamente relacionados com a conclusão do acordo de salvaguardas com a AIEA, e recusou-se a assinar o acordo."[42]

Os Estados Unidos adoptaram medidas especiais de segurança regional para enfrentar a crise coreana. Para combater o poder nuclear norte-coreano, os Estados Unidos criaram uma aliança de segurança regional com o Japão e a Coreia do Sul. De acordo com a CSCT, a segurança regional era uma questão racional e centrava-se basicamente nas reacções naturais contra ameaças e vulnerabilidades. A segurança colectiva é a componente fundamental da CSCT, pelo que as reacções dos EUA contra a Coreia do Norte se baseiam no coletivismo. O CSCT baseia-se, em última análise, no poder económico e militar de um país. O complexo clássico de segurança da Ásia Oriental tem-se baseado fortemente na assistência económica e militar dos Estados Unidos ao seu homólogo, o Japão. As relações heterogéneas entre os EUA e o Japão, baseadas em requisitos militares, remodelaram as infra-estruturas militares a fim de combater a ameaça norte-coreana. Os EUA autorizaram a assistência militar e económica ao Japão e à Coreia do Sul para desenvolver as suas nações no âmbito das relações homogéneas. Em última análise, estas relações heterogéneas e homogéneas reforçaram as relações de segurança entre os EUA e o Japão para garantir o seu status quo e, ao mesmo tempo, contar as ameaças através do exercício de medidas de segurança colectiva. O Presidente George Bush e o Japão pressionaram a Coreia do Norte a concluir a "Declaração Conjunta para a Desnuclearização da Península da Coreia".

"... uma Declaração Conjunta para a Desnuclearização da Península da Coreia, as consultas entre o Sul e o Norte foram bloqueadas quanto à cobertura e aos métodos da inspeção e, até agora, não há perspectivas de implementação efectiva da inspeção."[43]

---

[42] MOFA, Livro Azul Diplomático - Actividades Diplomáticas do Japão - 1991.
[43] MOFA, Livro Azul Diplomático - Relações Diplomáticas do Japão - 1992.

A questão do programa de armas nucleares da Coreia do Norte ameaçava diretamente as relações de segurança entre os EUA e o Japão e a estabilidade regional. Para garantir os interesses e o círculo de poder dos EUA na Ásia-Pacífico e manter o equilíbrio de poder, os EUA introduziram a Estratégia de Defesa Regional. (RDS)[44]

A RDS baseava-se essencialmente na segurança colectiva e no CSCT: a relação entre estes Estados era marcada pela interdependência em matéria de segurança, que podia ser positiva ou negativa, mas que tinha de ser significativamente mais forte entre eles do que entre os outros Estados e os Estados exteriores.[45]

Para dissuadir um eventual ataque nuclear da Coreia do Norte, os dois países concordaram em abrir um programa comum de intercâmbio de tecnologia militar. Estes acordos facilitaram as operações dos EUA contra a Coreia do Norte e promoveram a segurança regional. O Programa de Assistência à Segurança Mútua desenvolveu os caças de apoio da próxima geração (FS-X) e o Programa de Estudo da Arquitetura Westpac conseguiu instalar o sistema de Defesa Antimíssil de Teatro (TMD) para dissuadir a Coreia do Norte e a China.[46] Estas instalações militares melhoraram as relações heterogéneas entre os EUA e o Japão. O sistema TMD desenvolveu o programa de instalações militares na ilha de Okinawa. A ilha de Okinawa foi promovida a um dos quartéis-generais do escudo anti-míssil dos EUA e a um guarda-chuva nuclear dos EUA. Okinawa situa-se num ponto de vantagem militar comparativa em termos de relações de segurança entre os EUA e o Japão e de estabilidade regional.

"O programa de assistência militar concluiu que a defesa norte-coreana contra mísseis balísticos (BMD) ameaça as forças dos EUA e o território japonês. É necessário estabelecer uma arquitetura de sistema de Defesa contra Mísseis de Teatro acessível e eficaz no Pacífico."[47]

Os sistemas de mísseis americanos e as melhorias físicas militares na ilha de Okinawa melhoraram as relações heterogéneas entre os EUA e o Japão. As exigências clássicas de segurança e a necessidade militar estão sujeitas a estas relações de segurança colectiva.

---

[44] Sun, Prospect of U.S. Security Cooperation, 1087-1089.
[45] Barry Buzan, Ole Wavever, Jaap de. Wilde, *Security A New Framework For Analysis,* Colorado: Lynne Rienner Publishers, 1998, 20-23, impresso.
[46] Sun, Prospect of U.S. Security Cooperation, 1089-1091.
[47] Sun, Prospect of U.S. Security Cooperation, 1089-1091.

As relações militares com os EUA proporcionaram uma ultra-proteção aos territórios japoneses. O Japão aceitou as relações militares com os EUA e autorizou as tropas americanas e os exercícios militares na ilha de Okinawa. O Japão queria necessariamente proteger o status quo no contexto regional como uma potência regional. A intenção japonesa é tornar-se o Estado líder na região da Ásia Oriental, fortemente baseada nas relações de segurança com os EUA. A assistência militar dos EUA e o abrigo do "guarda-chuva" nuclear protegeram os interesses nacionais japoneses contra as ameaças externas.

Os interesses nacionais dos EUA na região da Ásia Oriental estão ligados ao Japão, enquanto as intenções japonesas sobre o mundo moderno estão ligadas aos EUA.

"Na perspetiva japonesa, os EUA desempenharam um papel vital na manutenção da paz e da estabilidade internacionais na ausência de alianças militares como a NATO. A presença militar americana no Japão foi capaz de melhorar o status quo do Japão e de lhe conferir um elevado perfil no processo de construção da paz regional."[48]

As intenções regionais japonesas e a concorrência com a China podem ser identificadas através da RSCT. As relações com os EUA criaram um equilíbrio de poder na região e acrescentaram um valor adicional ao Japão.

".a O Japão precisava de renegociar a situação no Pacífico Asiático com os países vizinhos. Por conseguinte, as relações de segurança entre os EUA e o Japão eram essenciais. Os acordos de segurança entre os EUA e o Japão constituem um quadro para assegurar a estabilidade e o desenvolvimento da região da Ásia-Pacífico. Estas relações serviram de pilar principal para manter uma pressão positiva dos EUA na região com vista a equilibrar o poder... as relações deram credibilidade internacional aos desempenhos básicos do Japão na política internacional".[49]

Desde o início do período pós-Guerra Fria, os EUA e o Japão combateram diretamente a ameaça nuclear coreana e as agressões da Coreia do Norte. As capacidades de mísseis nucleares da Coreia do Norte desenvolveram-se gradualmente.

---

[48] Feske, The U.S. - Japanese Security Alliance, 440-443.
[49] MOFA, Livro Azul Diplomático - Actividades Diplomáticas do Japão - 1992.

"A aliança entre os EUA e o Japão centra-se na ameaça dos mísseis balísticos norte-coreanos. As medidas de segurança dos EUA reforçam-se em conformidade para responder à Coreia do Norte, incluindo o seu míssil balístico de médio alcance Radong. Na sequência do terceiro ensaio nuclear da Coreia do Norte, em fevereiro de 2013, os Estados Unidos decidiram instalar um segundo sistema de radar TPY-2 em Okinawa, no Japão".[50]

A Coreia do Norte dependia fortemente da assistência militar e económica chinesa. Esta dependência marcou um complexo de segurança regional entre os EUA, o Japão e a China. O status quo e a competição pela hegemonia entre os EUA e a China criaram um complexo de segurança clássico a nível internacional. Assim, os EUA e o Japão tomaram uma série de medidas para dissuadir a agressão norte-coreana e o poder chinês exercido sobre ela.

"Depois de a Coreia do Norte ter testado vários mísseis em junho de 2006, as relações de segurança entre os EUA e o Japão melhoraram as infra-estruturas militares em Okinawa e reforçaram o escudo anti-míssil. As principais sanções japonesas congelaram as remessas de fundos para a Coreia do Norte e impediram a entrada de fornecimentos nucleares e relacionados com mísseis na Coreia."[51]

Estas contra-medidas contra a Coreia do Norte reforçaram o papel do Japão no contexto regional e a RSCT realçou as relações estreitas do Japão com os EUA para dissuadir os Estados competitivos que desafiam o status quo japonês e a estabilidade regional.

---

[50] Hiroyasu Akatsu, "Japan's North Korea Strategy: Dealing With New Challenges", *Strategic Japan New Approaches To Foreign Policy And The U.S.- Japan Alliances, Ed.* Michael J. Green, Zack Cooper, Nova Iorque: Centro de Estudos Estratégicos e Internacionais, 2015, 68, impresso.
[51] "Japão - Relações com os EUA: Issues for Congress," *Congressional Research Services,* The Library of Congress, 5 de outubro de 2006, Web, 20 de dezembro de 2016.

Pressure/ Deterrence	Dialogues
Japan's own response and denial capabilities U.S-Japan alliance- based cooperation's, including Ballistic Missile Defense (BMD) U.S- Japan- South Korea Trilateral Security Cooperation Proliferation Security Initiative (PSI) Economic/ Financial Sanctions (UN/ Bilateral- U.S- Japan)	Bilateral: Japan-North Korea Direct talks Multilateral: Six-party Talks.

Quadro 3.2 O enquadramento e a resposta do Japão dos EUA à beligerância da Coreia do Norte

Fonte: Hiroyasu Akatsu, "Japan's North Korea Strategy: Dealing With New Challenges", *Strategic Japan New Approaches to Foreign Policy and the U.S. Japan Alliance, Ed.* Michael J Green, Zack Cooper, Nova Iorque: Centro de Estudos Estratégicos e Internacionais, 2015, 65, impresso. (Autor, 2017)

As relações de segurança entre os EUA e o Japão contrariam diretamente a agressão norte-coreana e os exercícios com armas convencionais para promover a estabilidade regional e o equilíbrio de poder na região. Estas acções destacaram a presença das forças dos EUA em Okinawa - Japão para assegurar o status quo de duas nações aliadas. As tradicionais ameaças à segurança contra os EUA e o Japão criaram um órgão de segurança colectiva entre as duas nações para responder às necessidades de segurança partilhadas. Estas relações incluem complexos heterogéneos e homogéneos e interesses de segurança de duas nações: os EUA e o Japão, fortemente ligados entre si.

3.3 Contrariar os exercícios de poder liderados pela China

As relações trilaterais entre os Estados Unidos, o Japão e a China influenciaram fortemente a estabilidade regional e moldaram as relações militares. Desde o período da Guerra Fria, a doutrina Truman e o Plano Marshall esforçaram-se por dissuadir a China comunista. A China desempenhou um papel estratégico durante o período da Guerra Fria, mantendo-se discreta e aguardando o momento certo para liderar a ordem internacional.

A transformação do sistema internacional no início dos anos 70 proporcionou à China uma enorme oportunidade para iniciar relações diplomáticas formais com os EUA e muitos outros países. A China obteve um lugar permanente no Conselho de Segurança das Nações Unidas. Estas transformações e a ascensão da China como potência económica alteraram a contribuição chinesa nos assuntos internacionais.

O recente comportamento da China na região do Sudeste Asiático põe em causa o estatuto de segurança e a China está a utilizar as suas capacidades de poder para ganhar a liderança "de facto"[52] na região. Do ponto de vista dos EUA, a ascensão da China produziu uma série de incertezas de segurança desde o início da sociedade pós-Guerra Fria.

O programa de militarização chinês está diretamente envolvido em várias tribulações de segurança regional. No início do período pós-Guerra Fria, a China facilitou diretamente as alianças de poder entre a China e a Rússia, desempenhando um papel vital na região do Sudeste Asiático. As relações da China com a Coreia do Norte e a assistência militar chinesa ao programa nuclear norte-coreano aumentaram a tensão coreana, mas a presença dos EUA em Okinawa e as relações com o Japão equilibraram os exercícios de poder na região. A segurança marítima regional está sujeita à ameaça chinesa. O governo da RPC reivindicou os direitos sobre o Mar da China Oriental e o Mar da China Meridional, bem como sobre muitas áreas territoriais da região. Estas acções controversas alteraram a estrutura de segurança na região da Ásia Oriental. No período pós-Guerra Fria, as relações de segurança entre os Estados Unidos e o Japão tinham sido marcadas pela preocupação com o comportamento chinês. Para contrariar o militarismo chinês e a ameaça chinesa, os EUA mantêm relações de segurança positivas com Okinawa, no Japão.

A China tinha relações adversas com o Japão devido a comportamentos históricos. A rivalidade e as ligações negativas das relações interpessoais entre as duas nações influenciaram

---

[52] Baohui Zhang, "Chinese Foreign Policy in Transition: Trends and Implications", *Journal of Current Chinese Affairs* 39.2 (2010): 39-68, PDF.

o início de uma corrida hegemónica entre as duas nações. Em 1978, os dois países: Japão e China concordaram em concluir o Tratado de Paz e Amizade.[53] Com este acordo, a China e o Japão declararam a sua posição de nunca procurarem um estatuto hegemónico na região da Ásia-Pacífico. Na realidade, o governo da RPC tem utilizado uma política externa de contraste e está a utilizar os seus instrumentos de soft power e hard power para procurar obter o poder hegemónico na região.

As relações de segurança entre os EUA e o Japão reforçaram as infra-estruturas de segurança na ilha de Okinawa para impedir os exercícios militares chineses. A crescente assertividade militar da China nos últimos anos influenciou as relações de segurança regionais. "As despesas militares da China têm aumentado regularmente de 10 a 15% por ano desde 1989. A Marinha de Libertação Popular e as Forças Aéreas foram modernizadas e equipadas com sistemas de armamento avançados".[54]

"Em 1995, logo após a extensão do Tratado de Não Proliferação, a China testou pela primeira vez um míssil balístico com um alcance alargado e disparado a partir de um lançador móvel. A fim de intimidar Taiwan, a República Popular da China colocou mísseis na costa de Taiwan e efectuou vários exercícios de invasão militar."[55]

Esta expansão e escalada de poder afectaram diretamente a estabilidade regional. Assim, os EUA reforçaram as capacidades de poder na ilha de Okinawa e o poder aéreo dos EUA em Okinawa para dissuadir as actividades militares chinesas na Formosa.

"Os EUA reforçaram o poder aéreo na base de Futenma, instalaram uma das maiores bases aéreas de fuzileiros navais do Japão e estacionaram 3rd da Força Expedicionária de Fuzileiros Navais Vermelhos (3ed MEF).[56] As contra-medidas para dissuadir a militarização da China no Leste e no Sul da China foram adoptadas pelos EUA e reforçaram a proteção nuclear contra Taiwan. A 7th Fleet estacionada na Forca de Taiwan para contrariar o poderio militar chinês e as forças de auto-defesa japonesas lideraram as operações militares conjuntas com os EUA.

---

[53] Baohui Zhang, "Chinese Foreign Policy in Transition: Trends and Implications", *Journal of Current Chinese Affairs* 39.2 (2010): 39-68, PDF.

[54] Feske, The U.S. Japanese Security Alliance, 440-445.

[55] ibid.

[56] Pajon, Understanding the Issues of U.S Military Bases in Okinawa, 13.

O dilema da segurança regional e o status quo entre a China e o Japão foram realçados por estas contra-medidas. As posturas históricas chinesas e japonesas e a opinião pública apoiaram as políticas de rivalidade entre as duas nações. A força de auto-defesa japonesa não foi capaz de contrariar a agressão militar chinesa, dependendo das suas próprias forças. Assim, o Japão dependia em grande medida do poder dos EUA. De acordo com a RSCT, a transformação internacional das sociedades chinesa e japonesa foi orientada para acelerar o círculo de poder na região, a fim de obter o reconhecimento "de facto". A crise da ilha Senkaku pôs claramente em evidência a corrida hegemónica. China e Japão: ambos os países reclamaram os direitos sobre a ilha Senkaku para obterem vantagens estratégicas e protegerem o seu poder militar na região da Ásia Oriental.

".se a China tentasse alterar o status quo, teria de enfrentar não só o Japão mas também os Estados Unidos. Assim, os desafios ao status quo eram altamente susceptíveis de aumentar a inimizade sino-americana e, por conseguinte, de serem prejudiciais."[57] Esta declaração realçou os pilares básicos da CSCT. Os EUA e o Japão mantêm relações de segurança fortes e heterogéneas para contrariar a ameaça chinesa na região da Ásia Oriental. Estas relações baseiam-se principalmente no comando militar de Okinawa e as relações homogéneas entre os dois países reforçam as relações de segurança. Com a ausência de relações de segurança partilhadas entre as duas nações, as relações de segurança entre os EUA e o Japão serão terminadas pelos parceiros do tratado. No entanto, um certo número de incertezas, incluindo a China, influenciou a manutenção de relações de segurança positivas entre os EUA e o Japão com as preocupações da CSCT.

A posição japonesa no período pós-Guerra Fria abordou o antagonismo chinês e aliou-se fortemente aos Estados Unidos. A principal razão de ser das relações entre os EUA e o Japão é a melhoria gradual das credenciais militares japonesas para dissuadir os chineses e outras ameaças tradicionais que afectam o interesse nacional japonês. Esta lógica ilustra os elementos básicos da RSCT. A RSCT pôs em evidência as relações de segurança entre os Estados Unidos e o Japão. Do ponto de vista do Japão, a PACS realçou a estrutura militar pacífica do Japão

---

[57] Yasuhiro Matsuda, "How to Understand China's Assertiveness Since 2009: Hypothesis and Policy Implications", *Strategic Japan New Approaches to Foreign Policy and the U.S. - Japan Alliances, Ed.* Michael J. Green, Zack Cooper, Nova Iorque: Center for Strategic and International Studies, 2015, 12, Print.

desde o plano de rendição da Segunda Guerra Mundial e a incapacidade japonesa de contrariar a ameaça chinesa. Do mesmo modo, a RSCT ilustrou os interesses nacionais dos EUA que influenciam as relações de segurança entre os EUA e o Japão.

Estas relações proporcionam aos decisores políticos norte-americanos uma margem de manobra para executarem os seus interesses de poder na Ásia Oriental, principalmente no Mar da China Oriental e no Mar da China Meridional. As relações militares com o Japão facilitam o combate à China no contexto global e ao poder militar chinês. Assim, a RSCT actuou dialeticamente sobre as relações entre os EUA e o Japão.

"A presença militar americana no Japão e os desenvolvimentos militares na ilha de Okinawa permitiram aos EUA manter a sua diplomacia e os seus interesses nacionais na região da Ásia Oriental... O Japão continua a ser o local mais lógico para os EUA destacarem missões nas regiões."[58]

O status quo na Ásia Oriental é moldado principalmente pelas relações trilaterais entre os EUA, o Japão e a China. Este status quo no Mar da China Oriental e no Mar da China Meridional é um pilar essencial da corrida hegemónica. A guerra dos recursos e a política petrolífera são um dos principais factores que influenciaram a definição do status quo nesta região. A presença dos EUA na região da Ásia-Pacífico tem actuado como um equilibrador de poder no contexto asiático. O Japão conseguiu desenvolver o seu círculo de poder com a proteção das tropas americanas em Okinawa e no Japão para dissuadir a China. Se as relações de segurança entre os EUA e o Japão terminarem, a China assumirá o controlo da região da Ásia Oriental. Assim, as relações de segurança entre os EUA e o Japão e a grande rede de proteção militar e nuclear em Okinawa promoveram o equilíbrio de poder na região e o estatuto japonês.

"...o programa de investigação e desenvolvimento cooperativo de mísseis anti-balísticos entre os EUA e o Japão teve início em 1999. A decisão de adquirir os sistemas de base terrestre Patriot Advance Capability - 3 (PAC-3) dos EUA e os sistemas de base naval Standard Missiles - 3 dos EUA foi justificada em grande parte com base no programa de mísseis da

---

[58] Feske, The U.S. - Japanese Security Alliance, 449-451.

Coreia do Norte e na ascensão militar da China. Na sequência do ensaio nuclear norte-coreano e da hostilidade chinesa em relação ao Mar da China Oriental em 2006, as autoridades anunciaram a aceleração da instalação do sistema PAC-3 em Okinawa. Este sistema inclui 600 novas tropas americanas".[59]

Esta declaração sublinhou o avanço militar comparativo da ilha de Okinawa e o comportamento das relações de segurança entre os EUA e o Japão como equilibrador de poder. A CSCT e a RSCT estão profundamente ligadas às relações entre os Estados Unidos e o Japão.

3.3.1 A Zona de Identificação de Defesa Aérea (ADIZ) da China

No passado, a supremacia militar da China estendeu-se ao círculo de poder entre os EUA e o Japão em várias ocasiões. Recentemente, os exercícios militares da China na região da Ásia Oriental ameaçaram as infra-estruturas dos EUA em Okinawa. A RPC anunciou a sua Zona de Identificação de Defesa Aérea (ADIZ) em 2013. Este facto alterou o status quo da China em relação ao Mar da China Oriental. A RSCT salientou a rivalidade histórica entre a China e o Japão, baseada principalmente na ilha Senkaku, e a ADIZ chinesa aumentou a complexidade do dilema de segurança na região.

"Em novembro de 2013, a China anunciou abruptamente que iria estabelecer uma zona de identificação de defesa aérea no mar da China Oriental, abrangendo as disputadas ilhotas Senkaku/Diaoyu, bem como o espaço aéreo que se sobrepõe às ADIZ existentes no Japão, Coreia do Sul e Taiwan. Esta medida parece enquadrar-se num padrão geral de afirmação mais agressiva das reivindicações territoriais por parte da China nos últimos anos. Para muitos analistas de segurança, o anúncio representou uma nova forma de pressionar - para coagir, segundo alguns especialistas - o Japão a conciliar a disputa territorial sobre as ilhotas. As sobreposições de ADIZs podem conduzir a acidentes ou a confrontos involuntários, aumentando assim o risco de conflitos no Mar da China Oriental. Alguns analistas argumentam que a ADIZ da China representa também um desafio à administração japonesa dos ilhéus Senkaku/Diaoyu, que constitui a base do compromisso assumido pelos EUA no âmbito do

---

[59] Relações entre o Japão e os EUA: Questões para o Congresso.

tratado para defender esse território".[60]

Este incidente provocou um dilema de segurança na região da Ásia Oriental entre duas nações: os EUA e a China. Da mesma forma, esta situação afectou diretamente a segurança do Japão e das suas ilhas que têm acordos com os EUA.

A Teoria Clássica do Complexo de Segurança destacou os padrões dos parceiros do tratado, que podem ser relações de amizade ou inimizade. Os EUA partilhavam relações de segurança de inimizade com a China e relações de amizade em grande escala com o Japão. Por conseguinte, os comandos militares dos EUA e do Japão tomaram medidas imediatas para dissuadir a agressão chinesa. De acordo com a CSCT, os parceiros de amizade mantêm dois tipos de complexos de segurança entre si. Assim, os EUA e o Japão mantêm relações comuns e multidimensionais entre os Estados, com referência a preocupações políticas, económicas, de segurança, sociais e outras. Estas relações estão agrupadas no complexo homogéneo. Este complexo deriva das relações entre dois tipos semelhantes de parceiros em domínios gerais, sem destacar quaisquer preocupações especiais.

Os parceiros do tratado concordaram em partilhar os requisitos de segurança comuns no domínio da segurança. O complexo heterogéneo destacou as relações entre parceiros de amizade com a referência do domínio especial. Assim, os Estados Unidos e o Japão mantêm relações de segurança com Okinawa, no Japão. Estas relações de segurança entre as duas nações baseiam-se principalmente na ilha de Okinawa desde o período pós-Segunda Guerra Mundial.

Para contrariar o poder de inimizade da China, os EUA, liderados pelo parceiro de amizade Japão, melhoraram as instalações de infra-estruturas heterogéneas na ilha de Okinawa. As grandes instalações militares autorizadas para a ilha de Okinawa pelos EUA e pelo Japão foram a peça central da política do "Grande Crescente"[61] introduzida pelos EUA nas relações com a Coreia do Sul e Taiwan.

Para equilibrar o poder militar na região da Ásia Oriental e contrariar a zona ADI chinesa,

---

[60] Relações entre o Japão e os EUA: Questões para o Congresso.
[61] Roland A. Paul, *American Military Commitments Abroad,* New Jersey: Rutgers University Press, 1937, 211, Print.

os EUA tomaram medidas imediatas. Os Estados Unidos e o governador de Okinawa aprovaram a extensão dos programas de instalações do Corpo Militar de Fuzileiros Navais de Futenma. "Os bombardeiros B-52 da força aérea dos EUA planearam um programa de treino na nova ADIZ chinesa sem informar a China, seguindo-se o Japão com a mesma ação. O poder japonês está a equilibrar abertamente o status quo com a China ao abrigo da RSCT".[62]

O Vice-Presidente dos EUA, Joe Biden, afirmou: "Nós, os Estados Unidos, estamos profundamente preocupados com a tentativa de alterar unilateralmente o status quo no Mar da China Oriental... Disse ao Primeiro-Ministro que nos manteremos firmes nos nossos compromissos de aliança".[63]

As relações de segurança entre os EUA e o Japão equilibram diretamente o status quo e o equilíbrio de poder na Ásia Oriental e estabilizam a segurança regional.

"O reequilíbrio exige que os Estados Unidos reforcem a sua frota de controlo marítimo no Pacífico. Por conseguinte, o Pentágono tenciona enviar até quatro novos navios de combate litorais (LCS) para Singapura e a marinha americana afectará 60 por cento de toda a sua frota à região do Pacífico baseada em Okinawa até 2020".[64]

As relações de segurança entre os EUA e o Japão e o seu empenhamento no equilíbrio de poderes na região da Ásia-Pacífico estabilizam o complexo de segurança regional. Nações agressivas: A China e a Coreia do Norte e o seu poder militar estão sujeitos à dissuasão da capacidade militar dos EUA. As relações militares de parceiros amistosos: os EUA e o Japão reforçam a supremacia marítima e a liberdade de navegação.

3.3.2 Relações e política de segurança entre os EUA e o Japão relativamente ao Sudeste Asiático

Os exercícios de poder chineses no Mar da China Meridional criaram uma série de ameaças económicas e militares à livre navegação e ao equilíbrio do estatuto de poder na região. Muitos

---

[62] Relações entre o Japão e os EUA: Questões para o Congresso.

[63] Joe Biden qtd. in "Japan - U.S Relations: Issues for Congress", *Serviço de Investigação do Congresso,* Biblioteca do Congresso, 20 de fevereiro de 2014, Web, 20 de novembro de 2016.

[64] Tetsuo Kotani, "U.S. - Japan Allied Maritime Strategy: Balance the Rise of Maritime China", *Strategic Japan New Approaches to Foreign Policy and the U.S.- Japan Alliance, Ed.* Michael J. Green, Zack Cooper, Nova Iorque: Centro de Estudos Estratégicos e Internacionais, 2015, 44, Print.

navios militares e comerciais americanos e japoneses atravessam o estreito de Malaca, o mar da China Meridional e o mar da China Oriental. A escalada do poder chinês nesta região ameaça diretamente a livre navegação dos navios das nações aliadas. Esta escalada de poder contraria as preocupações e os interesses de segurança dos EUA e do Japão na região da Ásia Oriental. Filipinas e Vietname: nações amigas das alianças dos EUA que enfrentam desafios marítimos devido à expansão militar chinesa.

"Por exemplo, cerca de 95 % dos abastecimentos do Japão e 40 % da sua segurança marítima passam pelo Mar da China Meridional. Assim, a segurança marítima no Mar do Sul da China é fundamental para os interesses nacionais japoneses e para a manutenção das relações de segurança com os EUA".[65]

Assim, os decisores políticos dos EUA reforçam os acordos de segurança e reorientam os padrões de segurança na região da Ásia Oriental para equilibrar os sistemas de poder. Principalmente, no âmbito do RCST, o Japão está a melhorar as suas capacidades militares com a nova interpretação do artigo IX da Constituição do Japão.

As relações entre os EUA e o Japão em matéria de segurança estão a tomar as principais decisões de política de segurança para promover a segurança marítima e a estabilidade regional.[66]

As alianças entre os EUA e o Japão criaram uma plataforma de comando para a partilha de informações sobre as actividades marítimas e a nova zona de identificação de defesa aérea do Mar da China Oriental.

A atualização das regras de tráfego marítimo e dos mecanismos de controlo da poluição marítima deve incluir todas as partes no Mar da China Meridional e no Mar da China Oriental.

Os EUA e o Japão têm vindo a adotar medidas diplomáticas para aplicar a Convenção das Nações Unidas sobre o Direito do Mar (UNCLOS). É também mais do que tempo de os Estados Unidos ratificarem a UNCLOS para ganharem uma posição jurídica de destaque na

---

[65] Nibuhiro Aizawa, "Japan's Strategy Towards Southeast Asia And The Japan - U.S. Alliance", *Strategic Japan New Approaches to Foreign Policy and the U.S.- Japan Alliance, Ed.* Michael J. Green, Zack Cooper, Nova Iorque: Centro de Estudos Estratégicos e Internacionais, 2015, 44, impresso.

[66] ibid.

dinâmica política da Ásia.

Estas acções realçam principalmente o equilíbrio de poder na região e contrariam as ameaças militares contra a supremacia marítima dos EUA e do Japão. As acções de segurança colectiva abordam principalmente as ameaças tradicionais à segurança no contexto regional e promovem os interesses nacionais dos EUA e do Japão. As duas nações: os EUA e o Japão abordam as preocupações de segurança partilhadas e os requisitos de poder com as preocupações do status quo e do equilíbrio de poder nos assuntos regionais.

"Os parceiros da aliança concordaram com a importância estratégica do Sudeste Asiático e, por conseguinte, não devem hesitar em cooperar para garantir a estabilidade e o crescimento sustentável nessa região. O Sudeste Asiático está agora a entrar na década de ouro do seu dividendo demográfico. Esta era já passou no Japão, na China, em Taiwan e na Coreia do Sul. Assim, se quisermos esperar uma Ásia próspera nas próximas décadas, o Sudeste Asiático é a chave para um caminho prometedor. A prossecução de áreas comuns com a crescente classe média do Sudeste Asiático, a criação de um sistema social resistente na região e a confrontação de numerosos desafios comuns são cruciais para o futuro do Sudeste Asiático, bem como para o do Japão e dos Estados Unidos."[67]

As relações de segurança entre os EUA e o Japão no período da Guerra Fria equilibraram principalmente as relações de poder entre o comunismo e a ordem mundial democrática. Por conseguinte, os EUA e o Japão mantiveram relações de segurança heterogéneas e homogéneas a nível clássico e a nível regional. As relações de segurança dos EUA e do Japão mantiveram a política de poder da Guerra Fria e dissuadiram a União Soviética comunista e a China comunista. O envolvimento comunista na crise coreana criou uma tensão na península coreana. Assim, os Estados Unidos e o Japão envolveram-se diretamente na crise coreana para dissuadir o comunismo e promover a estabilidade e a segurança regionais.

A crise coreana entrou na nova ordem mundial e, no entanto, constitui uma ameaça para a segurança regional. A tensão na península coreana afecta diretamente a estabilidade e a paz regionais. Assim, as relações de segurança entre os EUA e o Japão e as instalações militares de

---

[67] Nibuhiro Aizawa, Japan's Strategy towards Southeast Asia and Japan - U.S. Alliance, 44-45.

Okinawa são sensíveis na península coreana durante o período pós-Guerra Fria. O colapso da União Soviética não erradicou completamente a ameaça soviética da região da Ásia-Pacífico. As tradicionais disputas fronteiriças entre a Rússia e o Japão puseram em causa a segurança dos territórios japoneses. Assim, o Japão dependia fortemente do poder militar dos EUA para proteger os territórios japoneses. As ligações da Rússia à RPC e à SCO criaram uma pressão militar sobre os EUA e o Japão nos assuntos regionais. A agressão militar chinesa e as relações com a Coreia do Norte realçaram a importância das relações de segurança entre os EUA e o Japão para manter o equilíbrio de poder na região da Ásia Oriental. Os requisitos de segurança e as ameaças tradicionais à segurança na era moderna são diferentes da política da Guerra Fria. No entanto, estas ameaças modernas têm vindo a realçar a presença positiva das relações de segurança entre os EUA e o Japão na região da Ásia-Pacífico.

Basicamente, as relações de segurança entre os EUA e o Japão mantêm-se para reivindicar os seus próprios interesses nacionais e preocupações de segurança. Estas relações estão associadas à CSCT e à RSCT, embora acabem por estabilizar os assuntos regionais e o equilíbrio de poder nos assuntos regionais e globais. O papel estratégico vital de Okinawa e a sua vantagem militar comparativa facilitam a consecução dos objectivos finais das relações de segurança entre os EUA e o Japão.

As relações de segurança entre os EUA e o Japão desempenharam um papel vital na política da Ásia-Pacífico desde a Segunda Guerra Mundial. Na era moderna, as relações de poder mudaram em muitos domínios e abordaram os requisitos de segurança tradicionais e não tradicionais. As transformações internas afectaram as relações de segurança entre os EUA e o Japão e a utilização estratégica da ilha de Okinawa, embora as relações de segurança se mantenham positivas para o futuro.

Conclusão

A análise da investigação efectuada através de um processo de avaliação sobre as relações de segurança entre os EUA e o Japão: Estudo de caso de Okinawa. Os factos empíricos e a direção da investigação permitiram descobrir os resultados da investigação que substituem as hipóteses e constroem as possibilidades. As relações de segurança entre os EUA e o Japão e os interesses especiais partilhados sobre a ilha de Okinawa foram moldadas por muitos interesses nacionais e não se baseiam apenas numa paz duradoura. As relações de segurança entre os EUA e o Japão desde o período da Guerra Fria foram moldadas pelas transformações internas das sociedades dos parceiros de amizade e pelas incertezas construídas pela sociedade internacional. O campo das relações internacionais e o comportamento dos Estados actuam de forma diferente consoante as ocasiões, pelo que é problemático produzir um comentário final definido.

Os EUA e o Japão iniciaram as suas relações de segurança imediatamente após a Segunda Guerra Mundial com a preocupação especial de promover uma paz duradoura entre as duas nações. O investigador analisou as relações de segurança da Guerra Fria entre os EUA e o Japão e descobriu que essas relações se baseavam basicamente na doutrina Truman e no Plano Marshal, que enfatizavam a necessidade de uma política de contenção. A bipolaridade da Guerra Fria e o status quo das superpotências moldaram a superfície das relações de segurança, enquanto as situações de guerra por procuração e o dilema de segurança na península coreana realçaram a utilização geoestratégica da ilha de Okinawa. A expansão comunista liderada pela URSS e a nova orientação da RPC na década de 1970 reforçaram as relações de segurança entre os EUA e o Japão. As informações e os factos analisados pelo investigador permitiram concluir que as relações de segurança entre os EUA e o Japão respondem, em última análise, aos requisitos de segurança da Guerra Fria e reforçam o equilíbrio de poder, prosseguindo os interesses nacionais dos EUA na região da Ásia Oriental.

A primeira conclusão foi que as relações de segurança entre os EUA e o Japão no período da Guerra Fria tinham como objetivo impedir a expansão comunista na região da Ásia Oriental. Esta política de dissuasão e os grandes envolvimentos dos EUA nos assuntos regionais, em especial na crise coreana e noutras guerras por procuração, realçaram as preocupações tradicionais de segurança partilhadas pelos EUA e pelo Japão. Estes envolvimentos reforçaram o poder hegemónico dos EUA na região e, em última análise, as relações de segurança entre os EUA e o Japão mantiveram um estatuto de paz duradouro nos assuntos regionais. Assim, os resultados desta investigação admitiram a possibilidade hipotética.

O autor partiu do pressuposto hipotético de que os EUA e o Japão mantêm relações de segurança com preocupações especiais na ilha de Okinawa para dissuadir a China em ascensão na região da Ásia Oriental-Pacífico. Os resultados da investigação aceitaram parcialmente o argumento hipotético. [st]Os padrões em mudança das relações de segurança entre os EUA e o Japão no século XXI, a principal preocupação é o processo de militarização da RPC e a sua supremacia marítima. Assim, as relações de segurança baseadas em Okinawa foram muitas vezes melhoradas para dissuadir as actividades militares chinesas. Os complexos de segurança clássicos e os complexos de segurança regionais explicam o status quo e o dilema de segurança que se verifica no contexto da Ásia Oriental. As actividades marítimas controversas da China no Mar da China Meridional e no Mar da China Oriental criaram um dilema de segurança e proporcionaram um espaço para reforçar as actividades militares entre os EUA e o Japão. Principalmente, a identificação da ADIZ pela China em 2013 e as actividades da PLAN influenciaram diretamente as relações de segurança entre os EUA e o Japão e realçaram a vantagem militar da ilha de Okinawa. As disputas territoriais da China com o Japão, as reivindicações territoriais sobre o Mar da China Meridional e a questão de Taiwan reforçam a utilidade das relações de segurança entre os EUA e o Japão. A localização estratégica da ilha de Okinawa desempenha um papel vital para equilibrar o poder e estabilizar as ligações de segurança regionais e internacionais entre os EUA, o Japão e a China. Os resultados da investigação autenticam parcialmente a hipótese de investigação e sublinham que as relações de segurança entre os EUA e o Japão e a execução estratégica de Okinawa não são apenas conduzidas pelos parceiros de amizade para dissuadir a militarização chinesa.

Os resultados da investigação reconheceram os interesses nacionais e várias preocupações de segurança que reforçam as relações de segurança entre os EUA e o Japão no século XXI, com o desenvolvimento de infra-estruturas de segurança especiais na ilha de Okinawa. Principalmente, a mentalidade da Guerra Fria desempenhou um papel importante na preservação das relações de segurança entre os EUA e o Japão. A crise coreana e o programa de energia nuclear da Coreia do Norte constituem uma ameaça vital para os territórios dos EUA e do Japão. Principalmente a ilha de Okinawa e as bases militares americanas situadas no Japão e na Coreia do Sul são vulneráveis aos ataques nucleares norte-coreanos. As relações de segurança entre os EUA e o Japão e a utilização estratégica de Okinawa são essenciais para dissuadir a Coreia do Norte, o seu programa nuclear e as suas actividades regionais altamente militarizadas. Esta investigação analisou as relações de segurança entre os EUA e o Japão: estudo de caso de Okinawa desde 1945, abrangendo os 70 anos das suas relações. No entanto, a atual tensão crescente na península coreana realça a utilização estratégica das relações de segurança entre os EUA e o Japão e o estudo de caso de Okinawa. Os Estados Unidos e o seu parceiro de segurança, o Japão, estão a equilibrar os assuntos regionais e a ordem internacional para estabilizar a região, impedindo a ameaça norte-coreana.

[st]As relações de segurança entre os EUA e o Japão no século XXI e os seus padrões em mutação abordam principalmente as necessidades energéticas e a política de recursos petrolíferos diretamente associada às relações de segurança. Os resultados da investigação sublinharam a forma como os EUA e o Japão estão a utilizar o seu poder militar partilhado para proteger as rotas marítimas e o mecanismo de transporte comercial. O acesso aos recursos petrolíferos do Mar da China Meridional e do Mar da China Oriental é essencial para o Japão impulsionar a sua economia e o seu poder regional.

Os EUA preocupam-se com o acesso a recursos petrolíferos alternativos, com exceção da OPEP, o que torna proeminente a utilização de reservas de petróleo na região da Ásia Oriental. Por conseguinte, os EUA mantêm relações de segurança indestrutíveis com Okinawa e o Japão. Muitas das transacções comerciais dos EUA com o Japão e outros países da região têm lugar através do Mar da China Meridional. Do mesmo modo, este comércio afecta igualmente a economia japonesa. Por conseguinte, ambos os países acreditam firmemente que a liberdade marítima e a livre navegação na região da Ásia Oriental são necessárias para estabilizar os assuntos regionais. Assim, os resultados da investigação sublinharam a importância das relações de segurança entre os EUA e o Japão para promover a livre navegação.

O resultado desta investigação reconstruiu a hipótese e o autor concluiu as suas observações com os seguintes argumentos.

As relações de segurança entre os EUA e o Japão desde a Guerra Fria dependem em grande medida da ilha de Okinawa. A utilização estratégica da ilha de Okinawa está a aumentar gradualmente desde a Guerra Fria para dissuadir as incertezas que emergem da ordem internacional. A ilha de Okinawa é o eixo do complexo de segurança clássico da Ásia Oriental e do complexo de segurança regional.

Assim, as localizações geoestratégicas, a sua história militar e as suas infra-estruturas militares de longa duração contribuem continuamente para promover os interesses nacionais dos EUA na região da Ásia-Pacífico e os laços de segurança com o Japão.

As relações entre os EUA e o Japão em matéria de segurança abordam essencialmente os problemas de segurança tradicionais desde o início da Guerra Fria. No entanto, muitas ameaças e incertezas tradicionais de segurança estão a ocorrer na região da Ásia-Pacífico. A crise coreana e o envolvimento de Trump com a Coreia do Norte reforçam as relações de segurança entre os EUA e o Japão e o valor de Okinawa com a instalação de armas da próxima geração. As reformas constitucionais japonesas e a nova interpretação do artigo IX reforçaram as actividades militares japonesas no contexto regional e deram espaço às forças japonesas para se envolverem mais fortemente com a América. A democracia americana e os valores americanos são promovidos pelas relações de segurança entre os EUA e o Japão, equilibrando o poder na região da Ásia-Pacífico. Os países nunca abdicam dos seus interesses nacionais, pelo que as relações de segurança entre os EUA e o Japão e a militarização de Okinawa manter-se-ão num futuro previsível com a presença do interesse nacional dos EUA.

O investigador considera que os resultados desta investigação abordaram as relações de segurança entre os EUA e o Japão de uma forma mais relativa e oportuna, pelo que os resultados da investigação reabastecem e melhoram o conhecimento disponível sobre as relações de segurança entre os EUA e o Japão, juntamente com o valor militar da ilha de Okinawa. A conclusão da investigação produziu um novo conhecimento e interpretação sobre o dilema de segurança na região da Ásia Oriental. O autor supõe que a área de investigação das relações de segurança entre os EUA e o Japão: estudo de caso de Okinawa está aberta a novas investigações. A situação atual na península coreana, os interesses nacionais dos parceiros de amizade: os EUA e o Japão e outras incertezas criarão um espaço de investigação para a realização de mais pesquisas neste domínio. As limitações do objetivo e do tempo impediram a persistência da investigação, embora esta tenha contribuído de muitas formas para o desenvolvimento do campo das relações internacionais e do meio académico. Finalmente, o investigador abre esta investigação a todos os indivíduos que procuram a sua segurança.

Bibliografia

Aizawa, Nobuhiro. "Japan's Strategy towards Southeast Asia and the Japan - U.S. Alliance". Green e Cooper 111-128.

Akutsu, Tetsuo. "Estratégia Marítima Aliada EUA - Japão: Balancing the Rise of Maritime China". Green and Cooper 35-60.

Appleman, Roy E, et al. *Okinawa: The Last Battle [Okinawa: A Última Batalha].* Washington DC: Centro de História Militar, 2000. Imprimir.

-. *Okinawa: A Última Batalha.* 2nd featured edition. Nova Iorque: Sky Horse Publication, 2016. Imprimir.

Baldwin, David A. "The Concept of Security" [O conceito de segurança]. *Review of International Studies* 23 (1997): 5-17. PDF.

Baran, Zeyno. "Segurança energética da UE: Time to End Russian Leverage". *The Washington Quarterly* 30.4 (2007): 131-144. PDF.

Blecher, Ivy K. "Cursos da Segunda Guerra Mundial". *História das Guerras Americanas.* n.p, n.d. Web. 06 de abril de 2017.

Gabinete de Assuntos Públicos. "Ocupação e Reconstrução do Japão 1945-52". *Gabinete do Historiador.* Departamento de Estado dos Estados Unidos, n.d. Web. 8 de abril de 2017.

Buzan, Barry, et al. *Security: A New Framework for Analysis.* Colorado: Lynne Rienner Publications, 1998. Imprimir.

---. *People, State and Fear: An Agenda for International Security Studies in Cold War Era.* Colorado: Lynne Rienner Publication, 1991. Impressão.

Clemens, Walter C. "SALT, NPT and U.S. - Japanese Security Relations." *Asian Survey* 10.12 (1970): 1037-1045. PDF.

Cornwell, R. D. *World History in the Twentieth Century (História Mundial no Século XX).*

London: Longman Group Limited, 1969. Imprimir.

Craig, Susan L. *China Perception of Traditional and Non Traditional Security Threats [Perceção da China das Ameaças de Segurança Tradicionais e Não Tradicionais]*. Carlisle: Strategic Studies Institution, 2007. PDF.

DeConde, Alexander, et al. *Encyclopedia of American Foreign Policy [Enciclopédia da Política Externa Americana]*. 2nd ed. Nova York: Gale Group, 2002. Impresso.

Dobson, Robert. "Okinawa's Strategic Value." *The Brooking Review* 14.3 (1996): 247. PDF.

Eyvazav, Jannatkhan. "Some Aspects of the Theory of Regional Security Complexes Applied to Studies of the Political Systems in the Post - Soviet Space." *Central Asia and Caucasus* 12.1 (2011): 11-26. PDF.

Feske, Susanne. "A Aliança de Segurança entre os EUA e o Japão: Out of Date or Highly Fashionable". *The Journal of East Asian Affairs* 11.2 (1992) 430-451. PDF.

Green, Michael J., e Zack Cooper, eds. *Strategic Japan New Approaches to Foreign Policy and the U.S. - Japan Alliance [Japão Estratégico: Novas Abordagens à Política Externa e à Aliança EUA-Japão]*. Nova York: Centro de Estudos Estratégicos e Internacionais, 2015. Impresso.

Haskew, Michael E., e Douglas Brinkley. *The World War II: Desk Reference [Referência de escritório]*. Nova Iorque: Castle Books, 2008. Imprimir.

Hoyt, Edwin P. *How They Won the Pacific: Nimitz and His Admirals [Nimitz e seus Almirantes]*. Guilford CT: Lyons Press, 2012. Imprimir.

Inoue, Masamichi S. "We Are Okinawans But of A Different Kind- New/Old Schools Movements and the U.S Military in Okinawa." *Current Anthropology* 45.1 (2004): 85104. PDF.

"Relações entre o Japão e os EUA: Issues for Congress". *Serviços de Pesquisa do Congresso*. Biblioteca do Congresso, 5 de outubro de 2006. Web. 20 de dezembro de 2016.

"Relações entre o Japão e os EUA: Issues for Congress". *Serviços de Pesquisa do Congresso.* Biblioteca do Congresso, 20 de fevereiro de 2014. Web. 20 de novembro de 2016.

Jentleson, Bruce W. *American Foreign Policy: The Dynamics of Choice in the 21ˢᵗ Century [A Dinâmica da Escolha no Século 21].* 3ʳᵈ ed. Nova York: W.W Norton and Company, 2007. Impresso.

Johnson, Lane e Jim Haw. "Okinawa e o exército dos EUA pós 1945". *Scientific America.* Uma divisão da Nature American INC, 19 de junho de 2013. Web. 8 de abril de 2017.

Jordan, David, e Andrew Wiest. *Atlas da Segunda Guerra Mundial: Mais de 160 mapas detalhados de batalhas e campanhas.* Dubai: Amber Books Limited, 2004. Imprimir.

Kamiya, Fuji. "Relações Japão-EUA e Tratado de Segurança: A Japanese Perspective". *Asian Survey* 12.9 (1972): 717-729. PDF.

Kobayashi, Teruo. "Um Grande Debate no Japão: The Fate of the U.S Japan Security Treaty in 1970". *The Journal of Politics* 30.3 (1986): 749-779. PDF.

Kobayashi, Yashikazu. "Enhance Energy Resilience: Challenging Tasks for Japan's Energy Policy". Green and Cooper 79-110.

Kotani, Tetsuo. "A Estratégia Marítima Aliada EUA - Japão: Balancing the Rise of Maritime China". Green e Cooper 61-78.

Linebarger, Paul M.A. "America's Okinawa Policy." *World Affairs* 126.2 (1963): 8591. PDF.

Livingston, Jon, et al. *Post War Japan -1945 to the Present.* Nova Iorque: Random House Pantheon Books, 1973. Imprimir.

Matsuda, Yasuhiro. "How to Understand China's Assertiveness since 2009: Hypothesis and Policy Implications". Green and Cooper 7-34.

McCutchen, Bragdon. *History of a Free People [História de um Povo Livre].* Nova Iorque: Publicações Macmillan, 1981. Imprimir.

McWilliams, Wayne C., e Harry Piotrowski. *The World Since 1945, A History of International Relations [O Mundo desde 1945, Uma História das Relações Internacionais].* 5th ed. Londres: Lynne Rienner Publication, 2001. Imprimir.

Millar, Edward S. *War Plan Orange: The Strategy to Defeat Japan 1987-1945 [A Estratégia para Derrotar o Japão 1987-1945].* Annapolis: Naval Institute Press, 1991. Imprimir.

Mochizuki, Mike, e Michael O' Hanlon. "The Marine Should Come Home: Adopting the U.S. - Japan Alliance to a New Security Era". *The Brooking Review* 14.2 (1996): 11-14. PDF.

MOFA. "Livro Azul Diplomático - Actividades Diplomáticas do Japão 1991". *Ministério dos Negócios Estrangeiros do Japão.* MOFA, 13 de setembro de 2016. Web. 11 de abril de 2017.

"Livro Azul Diplomático - Actividades Diplomáticas do Japão 1992". *Ministério dos Negócios Estrangeiros do Japão.* MOFA, 13 de setembro de 2016. Web. 11 de abril de 2017.

"Livro Azul Diplomático - Actividades Diplomáticas do Japão 2015". *Ministério dos Negócios Estrangeiros do Japão.* MOFA, 13 de setembro de 2016. Web. 11 de abril de 2017.

Naseer, Riswan, et al. "Balance of Power and Order in International Relations". *Berkeley Journals of Social Sciences* 2.1 (2012): 2-17. PDF.

Orr, Robert M. "The Aid Fator in U.S. - Japan Relations" [O fator ajuda nas relações entre os EUA e o Japão]. *Asian Survey* 28.7 (1998): 740- 756. PDF.

Pajon, Celine. *Understanding the Issues of the U.S Military bases in Okinawa (Compreender as questões das bases militares dos EUA em Okinawa).* Trans. Nicholas Sowell. Bruxelas: Centro de Estudos Asiáticos, 2010. PDF.

Pape, Robert A. "Why Economic Sanctions Do Not Work" [Por que as sanções económicas não funcionam]. *Segurança Internacional* 22.2 (1997): 90-136. PDF.

Paul, Roland A. *Military Commitments Abroad [Compromissos Militares no Estrangeiro].* New Jersey: Rutgers University Press, 1937. Imprimir.

Purves, John, et al. "Okinawa Citizens, US Bases, and the Security of Asia". *Economic and*

Political Weekly 33.6 (1998): 264-266. PDF.

Pyle, Kenneth B. *Japan Rising: The Resurgence of Japanese Power and Purpose [O Ressurgimento do Poder e do Propósito Japonês].* Nova York: Public Affairs TM, 2007. Imprimir.

Reynolds, Julius D. "An Empirical Application on Regional Security Complex Theory: The Secularization Discourse in China's Relations with Central Asia and Russia". Dissertação de mestrado. Universidade da Europa Central, 2009. PDF.

Selden, Mark, et al. "The U.S. bases and the Security of Asia". *Economic and Political Weekly* 33.6 (1998): 260-273. PDF.

Sheehan, Michael. *The Balance of Power: History and Trends [O Equilíbrio de Poder: História e Tendências].* Londres: Rutledge Publications, 1995. Imprimir.

Song, Young S. "Prospect of the U.S. - Japan Security Cooperation" [Perspetiva da cooperação em matéria de segurança entre os EUA e o Japão]. *Asian Survey* 35.12 (1995): 1087-1107. PDF.

Steiner, Kurt. *Local Government in Japan.* Stanford: Stanford University Press, 1965. Imprimir.

Stokes, Bruce. "The U.S. - Japan Relations towards the Twenty First Century". *International Affairs* 72.2 (1996): 281-291. PDF.

Tsurutani, Taketsugu. "Old Habits, New Times: Challenges to Japanese - American Security Relations". *The MIT Press* 7.2 (1982): 175-187. PDF.

Departamento de Estado dos EUA. *Foreign Relations of the United States - the Far East (Relações Externas dos Estados Unidos - Extremo Oriente).* Vol IX. Washington: GOP, 1946. PDF.

Viergever, Marnix. "The U.S. - Japan Security Relations Alliance and Okinawa AntiBased Identity. "Diss. Universidade de Leiden, 2015. PDF.

"Armas e Poder Aéreo da Segunda Guerra Mundial". *História das Guerras Americanas.* n.p, n.d. Web. 7 de abril de 2017.

Zhang, Boahui. "Chinese Foreign Policy in Transition: Trends and Implications" [Tendências e Implicações]. *Journals of Current Chinese Affairs* 39.2 (2010): 39-68. PDF.

Printed by Books on Demand GmbH, Norderstedt / Germany